나만 잘 살면 왜 안 돼요?

"나만 잘살면 왜 안돼요?"

교실 밖
실전
사회 탐구

이치훈·신방실
지음

북트리거

인싸(insider)의 행복 찾기 수업

"잠깐만요, 괜찮으면 잠시 시간 낼 수 있나요? 생각을 좀 들어 볼까 하는데….'

방송국 사무실 안, 저마다 자기 일에 빠져 있던 사람들이 제법 모였습니다.

"혹시 이런 질문을 받으면 어떤 대답을 할지 궁금해서요. 질문은 '나만 잘 살면 왜 안 돼요?'랍니다."

갑작스럽고 엉뚱한 질문에 당황스러운 표정으로 서로를 쳐다보던 사람들이, 웃음기 없는 제 얼굴을 바라보더니 이내 진지한 표정으로 한마디씩 던지기 시작합니다.

"혼자 잘 살면 재미없을 것 같아요."

"왠지 나만 잘 살면 되게 못된 것 같지 않아요?"

"근데, 힘든 삶인데 우리들 중 누구 한 명이라도 잘 살면 좋지 않나요?"

20년 동안 방송국 다큐멘터리 PD로 문화와 과학 관련 다큐멘터리를 기획하고 제작하는 일을 하며 살다가, 문득 마주한 질문 하나를 두고

팀원들과 곰곰 생각에 빠져 봅니다.

'나만 잘 살면 왜 안 될까? 정말 그럴까?'

잠시 질문을 이루는 말들을 들여다봅니다. 우선 '나만'부터. '나만'이라…, 왠지 외톨이 같고, 사는 것도 재미없고, 할 수 없는 일도 많고, 가끔은 무서울 것도 같은 말입니다. 달갑지 않은 이유를 생각해 보면 인간은 원래부터 사회적인 본성을 가지고 있어서가 아닐까 해요. 그 옛날부터 인간은 맹수들의 위협에서 자신을 지키고, 크고 힘센 동물들을 사냥하기 위해 '나만'이 아닌 '우리'라는 무리를 지어 살았습니다. 그리고 그 무리들의 공동체인 '사회' 속에서 지식과 경험을 나누며 생존과 번영을 이루어 왔죠.

'잘 산다'고 하면 돈과 시간이 많거나, 원하는 것들을 이루거나, 사랑과 존경을 받으며 살아가는 것일 텐데요. 저마다 잘 산다는 것에 대한 구체적인 바람은 다를 수 있지만, 단순하게 정리하면 결국 잘 산다는 것은 '행복하게 살아간다'는 것을 뜻합니다. 그런데 오늘 이 질문을 함께한 사람들을 통해 느낀 점은, 물질적인 풍요이든 정신적인 만족감이든 행복의 원천이 되는 것들은 결국 사회와 관계되어 있다는 사실이었답니다. 글쎄요, "나만 잘 살면 왜 안 돼요?"라는 질문을 이렇게 고쳐 보면 좀 더 답을 찾는데 도움이 될까요? "사회적 존재인 내가 혼자서만 잘 살면 진정 행복할 수 있을까요?"라고 말입니다.

우리 사회에는 정말 다양한 생각과 바람을 가진 사람들이, 정말 다양한 일들을 하며 살아가고 있습니다. 그만큼 사회적 관계는 복잡하고, 개개인의 삶에 영향을 주는 크고 작은 일들이 끊임없이 일어나죠. 그래서 사회를 이해하기가 쉽지 않아 보이고 재미없게 느껴지기도 합니다. 그러나 사회 속에 행복의 원천이 있다면, 그것을 찾기 위해서라도 우리는 사회에 대해 더욱 잘 알아야 합니다.

사회에 대한 이해와 관심은 무척 중요하지만 어렵게만 느껴지는 게 사실이에요. 청소년들이 사회를 이해하는 데 조금이나마 도움이 되었으면 하는 바람에서 그동안 쓴 글들을 모아 봅니다. '나홀로족', '유튜브', '페미니즘', '아이돌', '젠트리피케이션' 등 사회적·문화적 트렌드에서, '혐오', '감시 사회', '언어 파괴' 등 논란이 되는 사회문제, '미세 플라스틱', '가상 화폐', '4차 산업혁명' 등 경제와 과학의 뜨거운 주제까지 한 권의 책에 담았습니다. 우리 사회에서 일어나고 있는 중요한 현상과 이슈에 대한 지식과 생각을, 지금 그리고 내일을 위해 치열하게 고민해 보았으면 합니다.

이 책의 제목이기도 한 "나만 잘 살면 왜 안 돼요?"라는 말을 자신을 위해 사는 게 나쁘다는 의미로 오해하지 않기를 바랍니다. 자신의 가치와 행복을 위해 살아가는 것은 인간이면 누구나 가져야 할 당연한 권리입니다. 오히려 "나만 잘 살면 왜 안 돼요?"라는 질문은 차별 없는 세상을 바라는 사회적 약자들, 그리고 공동체의 선과 정의를 위해 헌신적으로 살아가는 사람들의 목소리에도 귀 기울이며 함께 잘 살아가자는 바람의 표현입니다.

'인싸'라는 말이 유행입니다. '무리에 잘 어울려 지내는 사람'이라는 뜻이랍니다. 인싸라는 말이 반가운 이유는 무리에 잘 어울리는 사람은 적어도 나 자신만의 이익을 위해 움직이는 사람은 아니라는 생각이 들기 때문입니다. 학교에서 혹은 가정에서, '사회'라는 것을 우리가 따르고 배워야만 하는 존재로 이해시켜 온 것은 아닌지 모르겠습니다. 사회를 만들고 변화시키고 또 발전시켜 나가는 능동적인 주체가 바로 우리라는 사실도 잊지 않았으면 합니다. 이 책을 읽는 여러분이 더 좋은 사회를 만들어 가는 행복한 인싸들이 될 수 있기를 진심으로 바랍니다.

2019년 여름
이치훈·신방실

차례

평범한 사람, 엔트카는 무시하는 절까바?

혐오,
한국 사회를
집어삼키다

언젠가부터 특정 집단을 지칭하는 단어에 '벌레 충(蟲)'을 붙여 상대를 비하하는 말들이 크게 늘고 있습니다. 학교급식을 먹는 중·고등학생은 '급식충'이 되고, 아이를 키우는 엄마는 '맘충'이 되며, 자신의 경험과 생각을 젊은이에게 일방적으로 강요하는 기성세대는 '꼰대충'이 됩니다. 틀니를 착용한 노인은 '틀딱충'이 되고요. 이 말은 극우에 여성 혐오 성향을 띤 커뮤니티 '일간베스트저장소(일베)'의 회원을 지칭하는 '일베충'에서 시작됐습니다. 이 사이트는 정치, 유머 글을 주로 게재하는 인터넷 커뮤니티로, 극우 성향이 강한 것이 특징이에요. 전직 대통령에 대한 지나친 비방과 특정 지역에 대한 노골적인 반감을 표현하는 글이 많고, 사회적 약자에 대한 비하와 차별을 공개적으로 드러내 비난을 받기도 했죠. 그래서 이러한 일베 사이트를 적극 옹호하는 사람들을 네티즌들이 '일베충'이라 부르며 경계하기 시작했어요. 이 표현이 인터넷에 떠돌면서 '충' 자가 붙은 다양한 신조어가 생겨났습니다.

혐오충의
원조는?

'노오력'으로 안 되는 세상! 혐오가 널리 퍼지는 데는 지나친 경쟁과 물질 중심적인 가치관도 한몫을 합니다. '수저 계급론'은 이런 세태를 잘 보여 주는 신조어라고 할 수 있죠. 이는 자녀의 학업 성적이 부모의 경제 수준에 비례한다는 내용을 바탕으로 한 것으로, 영어 표현인 '은수저를 입에 물고 태어나다(born with a silver spoon in his mouth)'를 그 기원으로 합니다. 이 글은 '부유한 환경에서 태어나다'라는 의미를 지니는데, 귀족 집안의 자식들에게 유모가 은수저로 우유를 떠먹이던 데서 비롯되었다고 해요. 수저 계급론에서 계급은 금수저와 은수저, 동수저, 흙수저 등으로 나뉩니다. '금수저'는 처음부터 좋은 가정환경과 조건 속에서 자란 사람을 의미해요. 반면에 흙수저는 부모의 능력이나 형편이 넉넉하지 못해 경제적인 도움을 전혀 받지 못하는 사람을 뜻하죠. 이러한 수저 계급론은 개인의 능력과 노력만으로 성공할 수 있다는 믿음이 사라져 가는 우리 사회의 현실을 보여 준다고 할 수 있어요.

수저 계급론을 아시나요?

"오늘 김 여사를 만났습니다. 중앙선 침범에 신호 위반까지⋯ 정말 가관이네요."

운전에 서툰 여성을 비하하는 '김 여사'라는 말을 한 번쯤 들어 봤을 거예요. 황당하게도 운전자가 여자인지 남자인지 확인하지도 않고, 운전을 못하면 무조건 '김 여사'라고 조롱하는 경우를 인터넷에서 흔히 볼 수 있죠. '김 여사' 외에도 무례하게 행동하는 비호감 아저씨를 조롱하는 '개저씨', 자식에 무관심하고 집안일을 아내에게 떠넘기는 남성을 일컫는 '허수애비', 노인을 혐오하는 '노슬아치' 등 인터넷에는 비하와 혐오를 드러내는 각종 신조어가 난무하고 있어요. 이들 대부분은 평범한 단어에서 일부만 변형한 것으로, 욕설에 비해 거부감이 적어 유행어처럼 번지고 있죠. 최근에는 '고담 대구', '마계 인천', '라쿤 광주' 등 사람을 넘어 특정 지역을 혐오하는 신조어까지 등장했습니다.

묻지 마 혐오의 시대

'○○충'이라고 불리는 사람들이 인터넷에 넘쳐 나고 있습니다. 사회적 지위나 성별, 취미, 심지어 먹는 취향이 타인의 마음에 들지 않거나 불편한 느낌을 준다는 이유로 누군가는 벌레가 되죠. 때로는 장난처럼 시작된 공격이 감정싸움으로 번지기도 해요. 도대체 왜 이런 현상이 나타나는 걸까요?

요즘 범람하는 각종 혐오 발언은 우리 사회의 뿌리 깊은 혐오 문화를 반영한 것입니다. '○○충'이라는 말도 많은 사람들이 싫어하는 벌레에 빗대어 누군가에 대한 불편하고 싫은 감정을 표현한 것이죠. 예전에는 '벌레'라고 하면 책벌레처럼 어떤 일에 열중하는 사람을 가리켰지만, 요즘 '충(蟲)'이 뜻하는 의미는 싫은 대상, 배척해야 하는 대상일 뿐입니다.

혐오가 가장 들끓는 공간은 인터넷입니다. 경찰청 통계에 따르면 사이버 명예훼손 및 모욕죄 신고 건수는 2014년 8,880건, 2016년 1만 4,908건, 2018년 1만 5,926건으로 계속해서 증가하고 있어요. 특정인에게 직접적인 피해를 주는 사적인 혐오 발언은 형법에 따라 벌금 및 징역형으로 처벌이 가능합니다. 그러나 불특정 다수 및 특정 집단을 겨냥한 혐오 발언은 피해자를 특정하기 어렵다는 이유로 처벌이 쉽지 않은 게 현실이에요. 이에 따라 처벌 잣대를 강화해야 한다는 여론이 힘을 얻고 있습니다.

일부에서는 혐오 발언이 표현의 자유라고 주장하지만, 헌법에서 인정하는 표현의 자유는 '타인의 권리 및 공공의 이익을 침해하지 않는다'는 것을 전제로 합니다. 합리적인 이유 없이 상대를 공격하거나 특정 집단에 속한다는 이유만으로 매도하는 것은 '인권'을 훼손하는 범죄 행위에 불과해요. 미국이나 영국 등 자유를 중시하는 서구 민주국가에서도 인종, 국적, 종교에 대한 혐오 발언은 형사처분하고 있습니다.

나는 왜 너를 혐오하는가?

사람들이 누군가를 혐오하는 이유에 대해서는 여러 가지 의견이 있습니다. 그중 하나가 '본능의 작동'이라는 의견이에요. 혐오란 어떤 대상을 싫어하거나 미워하는 감정을 말합니다. 대개 그것이 자신에게 해를 끼칠 것 같아 꺼림칙하게 여기는 태도를 수반하죠. 거미나 지네 같은 벌레를 보면 징그럽고 역해 무조건 피하고 싶은데, 바로 그런 느낌을 혐오라고 합니다.

혐오는 모든 사회에서 공통된 양상을 띠어요. 토사물, 혈액, 콧물, 대소변, 시체, 부패한 고기, 끈적거리는 진액, 비리거나 썩은 냄새 등은 인체가 공통적으로 거부 반응을 일으키는 대상들이죠. 동정, 슬픔, 분노 같은 감정이 사회적 학습에 의해 생겨나는 것이라면, 혐오는 오감(五感)에 의한 원초적 반응이라는 점에서 차이가 있습니다. 다시 말해 혐오감은 원래 감각기관을 통해 대상을 인식하는 문제와 연관이 있습니다. 우리가 눈에 보이지 않는 병원체는 거북하게 느끼지 않으면서도, 끈적거리거나 냄새 나는 물질은 비록 해가 없더라도 역겹다고 느끼는 이유가 여기에 있습니다. 이러한 본능적인 혐오는 유용한 측면도 있습니다. 대상을 자세히 살필 시간이 없을 때, 스스로를 위험 물질로부터 재빨리 보호하도록 돕기 때문이에요.

그런데 오늘날 사회문제로 떠오른 특정 인종·성별·종교·지역·성

정체성·정치 이념 등에 관한 혐오는 본능의 작동과는 상관관계가 없습니다. 혐오를 느낄 실체적 근거가 없다고 볼 수 있죠. 그럼에도 불구하고 사람들이 이를 문제 삼아 혐오하는 이유는 '이성의 오작동' 가운데 하나인 '투사적 혐오'가 작동했기 때문입니다. 투사적 혐오란 특정 대상에 오염원의 속성을 투사해 그들을 혐오의 대상으로 확장시키는 것을 말해요. 그런데 이는 대개 사회 구성원들의 합의하에 만들어진 망상의 결과물이라고 할 수 있어요.

과거 인도에서는 콜레라가 유행해 수많은 사람들이 목숨을 잃었어요. 그 당시 인도인들 사이에서는 콜레라균을 옮기는 주범이 천민 계층이라는 믿음이 팽배했다고 해요. 카스트의 지배를 받던 시절, 신분이 낮은 계층은 불결할 거라는 인식이 진실로 굳어져 있었기 때문이죠. 나중에 밝혀진 사실이지만 이들 계층은 집에 화장실이 없어 오히려 배설물에 오염될 가능성이 낮았고, 그로 인해 콜레라의 발병률도 상위 계급보다 훨씬 낮았다고 합니다. 그럼에도 불구하고 망상이 만든 천민 계층에 대한 혐오는 지배계급의 억압을 더욱 정당화하는 무기가 됐죠.

이러한 사례에서 혐오의 대상이 된 사람들은 왠지 모를 죄의식과 부끄러움을 느낀 반면, 이들을 혐오한 자들은 스스로를 상대보다 우월한 존재라고 인식하게 되었습니다. 전문가들은 이 같은 원리로 혐오가 불평등의 위계 구조를 심화시킨다고 지적해요. 많은 사회에서 외국인 노동자나 동성애자 등 주로 사회적 약자나 소수자 집단은 혐오의 표적이 되어 왔습니다. 이들에 대한 혐오는 장기적으로 해당 집단의 활동과 발언을 위축시켰고 권리를 약화시켰어요. 따라서 혐오는 한 사회의 위

계질서를 유지하는 데 사용되는 가장 강력하고 폭력적인 '낙인'이라고
할 수 있습니다.

전문가들은 투사적 혐오가 어린 시절에 마음속 깊이 자리 잡으
면 성인이 됐을 때 신념처럼 확고해진다고 말합니다. 이는 일반적인 미
움의 감정과 달라 한번 형성되면 오래 지속된다는 특징이 있죠. 투사적
혐오는 인류 역사의 전 시기에 걸쳐 여러 지역에서 나타났습니다. 그리
고 혐오의 대상이 뱀이나 벌레가 아닌 인간 사회로 확장되면서 인류 역
사는 크게 후퇴했어요. 독일의 히틀러^{Adolf Hitler}와 반(反)유대주의 세력들
은 유태인 전체를 '끈적끈적한 구더기'라고 표현하며 심하게 박해했습
니다. 보스니아 내전[*] 당시에는 세르비아군이 인종 청소 명목으로 이슬
람교도 8,000여 명을 집단 살해했고요. 그런가 하면 흑인을 비하하는
인종차별주의 또한 여전히 지구촌 곳곳에 남아 있어요.

혐오, 우리 사회를 집어삼키다

최근 우리 사회의 가장 큰 문제는 만인에 대한 혐오라 부를 수 있
을 정도로, 혐오 표현이 무차별적으로 널리 퍼지고 있다는 점입니다.

---

*   1992~1995년 보스니아에서 일어난 내전으로, 제2차 세계대전 이후 유럽에서 발
    생한 가장 끔찍하고 처참한 민족 분쟁 가운데 하나로 기록되어 있다. 약 440만
    인구의 보스니아는 보스니아계(이슬람교) 44%, 세르비아계(세르비아정교) 31%, 크
    로아티아계(가톨릭) 17% 등 다민족으로 구성되어 있었다. 이 가운데 보스니아계
    와 크로아티아계가 연합해 독립을 강행하자 세르비아계는 민족별 분리를 주장하
    여 무장 반란을 일으켰다. 이 지역의 내전은 다른 민족에 대한 '인종청소'의 양상
    을 띠어 1995년까지 약 10만 명이 목숨을 잃고, 약 200만 명의 난민이 발생했다.

한정적인 대상을 비하하는 것을 넘어서, 이제는 성별, 세대, 빈부, 국적을 막론하고 모든 사람이 혐오 표현의 먹이가 되고 있죠.

우리 사회에서 혐오를 나타내는 용어들이 많아진 이유는 무엇일까요? 사회학자들은 이 현상을 사회에 대한 신뢰와 그에 기반한 권위가 무너져 발생한 유행과도 같다고 말합니다. 실업과 저임금 등에 따른 경제적 불안, 비리에 물든 정치권을 향한 반감, 무능력하고 이기적인 기성세대에 대한 청년층의 불만이 인터넷상에서 표출되고 있다는 것이죠. 청년들은 한국을 '헬조선'이라고 부릅니다. 이 신조어는 지옥을 뜻하는 '헬(hell)'과 '조선'을 합성해 만들어졌어요. 일제에 의해 패망하기 직전 암울했던 조선 말기처럼 현재의 상황이 지옥과 같은 아비규환이라는 의미로 사용되고 있습니다.

최근 인터넷에서는 '노오력'이라는 신조어도 쉽게 찾아볼 수 있습니다. 이는 아무리 노력해도 답이 나오지 않는 상태로, 청년들이 마주한 문제들을 개인의 자질과 태도 탓으로 몰아가는 기성세대의 사고방식을 비꼬는 말이기도 해요. 취업 대란, 청년 명퇴(명예퇴직), 저출산과 고령화, 치솟는 주거비와 자살률, 부의 양극화, 취약한 사회 안전망…. 현재 청년들은 이러한 사회의 민낯과 마주하고 있습니다. 이른바 '노오력'으로 안 되는 것투성이인 세상에서 그들은 분노하고 있어요. 결국 이 말 역시 헬조선의 의미와 상통하는 것이죠.

그 밖에 '지옥불'과 '한반도'를 결합해 만든 '지옥불반도'라는 말도 젊은 층들 사이에서 유명해요. 이 지도를 살펴보면 시작점에 출생과 동시에 열리는 '헬게이트(지옥문)'가 그려져 있습니다. '노예 전초지(학교)'

를 지나면 '대기업의 성채'가 기다리지만 이를 넘는 일은 쉽지 않아요. 성채 진입에 실패하면 '자영업 소굴'과 '치킨 사원', 그리고 '백수의 웅덩이'를 피할 수 없죠. 그나마 안전한 지역은 '공무원 거점'과 '정치인 옥좌'뿐입니다. 이처럼 지옥불반도는 희망이라고는 보이지 않는 미로 속에서 좌절을 넘어 분노에 이른 청년들의 현실을 잘 반영하고 있어요.

혐오가 탄생하고 자라는 이유에는 지나친 경쟁과 물질 중심적인 가치관도 큰 몫을 하고 있습니다. 금수저, 흙수저 이야기에서 볼 수 있듯이 빈부 격차가 갈수록 커지고 개인의 노력만으로 사회적인 성공을 이룰 수 있는 기회가 줄어들면서, 젊은 세대가 지닌 미래에 대한 불안은 더욱 심해지고 있어요.

혐오로 손들리는 사회

답답하고 짜증나는 현실에서 사람들이 스트레스를 풀 수 있는 가장 손쉬운 방법은 자신보다 약해 보이는 희생양을 찾아 책임을 덮어씌우고 그들을 혐오하는 일입니다. 누군가를 혐오하고 비난함으로써 자신의 분노를 표출하는 것이죠. 결과적으로 혐오 사회는 사회 구조적인 병폐가 복합적으로 작용해 만들어진 '괴물'이라고 할 수 있어요.

그 와중에 가장 많은 혐오의 대상이 되는 존재는 '여성'입니다. 2016년 5월, 20대 여성이 강남의 화장실에서 한 남성에게 살해당하는 사건이 발생했어요. '강남역 살인 사건'으로 널리 알려진 이 사건은 여성 혐오에 의한 살인이 아닌 정신병에 의한 살인으로 최종 판결이 났죠. 하지만 평소 여자들이 자신을 무시하고 자신에게 직접적인 피해를 줬기 때문에 살인을 저질렀다는 피의자의 진술은 우리 사회의 뿌리 깊은 성차별과 여성 혐오를 드러내는 계기가 되었습니다.

'여성 혐오'란 여성을 여성이라는 이유만으로 혐오하는 문화적인 태도를 말합니다. 이는 여성에 대한 비하나 차별, 폭력이나 성적 대상화 등 여러 가지 방식으로 나타납니다. 여성에 대한 편견은 사회 곳곳에 너무나도 자연스럽게 녹아 있죠. 실제로 많은 여성들이 일상 속에서 단지 여성이라는 이유로 차별받고 있어요.

이를 반영하듯 우리 사회에는 여성을 비하하는 의미가 담긴 신조어들 또한 많습니다. 사치를 일삼는 여성을 가리키는 '된장녀', 못생긴 여성을 지칭하는 '오크녀', 한국 여성 전체를 낮잡아 보는 말인 '김치녀' 등의 표현은 우리 사회의 단면을 보여 주고 있어요. 이러한 현상은 남성들이 자신의 정체성과 존재감의 위기를 여성에 대한 혐오로 푼 결과라고 해석되기도 합니다. 전통적인 남아 선호 사상이 무너지고 여성들의 사회 진출이 늘면서 여성으로 인해 설 자리를 잃었다고 느끼는 남성들이 늘고 있기 때문이죠.

여성뿐 아니라 우리 사회에서는 동성애자, 양성애자, 트랜스젠더 등 '성(性) 소수자'로 불리는 사람들도 혐오의 대상이 되고 있어요. 그들을 문란하고 비윤리적이며 정신적으로 문제가 있거나, 에이즈와 같은 질병을 전파하는 유해한 존재라고 여기는 거죠. 성 소수자에 대한 혐오는 종교단체나 사회단체를 비롯해 일상 속에서 공공연하게 이루어지고 있어서, 이들은 이에 따른 차별과 편견 그리고 폭력으로 극심한 고통을 겪고 있습니다. 2014년 '한국 LGBTI(성 소수자) 커뮤니티'에서 실시한 조사에 따르면 청소년 성 소수자 2명 중 1명이 자살을 시도한 적이 있을 정도라고 합니다.

혐오는 차별, 더 나아가 인권침해로까지 이어질 수 있는 심각한 문제입니다. 또한 사회문제의 원인과 책임을 특정 집단에 전가하는 데 의도적으로 이용되기도 하죠. 성 소수자들을 출산율 저하와 에이즈 확산의 주범으로, 외국인 노동자들을 내국인의 일자리를 빼앗고 범죄를 저지르는 집단으로, 그리고 여성들을 특혜와 과잉보호 속에서도 더 많은 걸 바라는 이기적인 존재라고 매도하는 것처럼 말이에요.

혐오와 맞서 싸우는 법

혐오가 만연한 사회는 불평등한 사회이며 불안이 가득한 사회입니다. 타인에 대한 존중과 배려는 사라지고 그 자리가 극단적인 경쟁과 이기심으로 채워지니까요. 많은 사람들이 우리나라를 '헬조선'이라 부르는데, 이런 혐오 사회야말로 그들이 말하는 지옥이라 할 수 있겠죠.

특히 요즘처럼 SNS를 통해 활발한 소통이 이뤄지는 사회에서 혐오 발언은 빛의 속도만큼 빠르게 확산됩니다. 하지만 그 말이 참인지 거짓인지에 대해 관심을 갖는 사람은 많지 않아요. 따라서 타인에 대한 편견과 차별이 담긴 혐오 발언을 강하게 규제하는 나라들도 많습니다. 영국, 독일, 캐나다, 프랑스, 오스트레일리아 등에서는 혐오 발언을 한 사람을 무겁게 처벌하고 있어요. 영국의 경우 인종, 종교, 성 소수자 등에 대한 혐오 발언을 형사처분하고 있으며, 독일 역시 특정 인구 집단에 대한 경멸적인 발언과 혐오로 타인의 인간적 존엄성을 침해하는 행위를 형법으로 엄하게 처벌하고 있습니다.

우리나라는 '장애인차별금지 및 권리규제 등에 관한 법률'을 정해 2008년부터 법적으로 장애인에 대한 차별을 금지하고 있어요. 또한 외국인 노동자, 여성, 성 소수자들과 같은 사회적 약자에 대한 차별 금지 요구가 높아지면서, 우리 사회가 직면한 여러 차별 등을 포괄적으로 금지할 수 있는 법률에 대한 논의를 진행해 오고 있죠. 하지만 해당 법안에 대해 사회 각 분야에서 의견 충돌이 일어나 번번이 법률로 제정되지는 못하고 있어요. 대부분의 인권 선진국들은 합리적이지 않은 모든 형태의 차별을 금지하는 '포괄적 차별 금지법'을 채택하고 있습니다. '인간으로서의 존엄과 가치 및 평등'이라는 헌법 이념을 실현하고 정치·경제·사회·문화 등 생활의 모든 영역에서 불합리한 차별을 막기 위해, 그리고 차별로 인해 피해받는 사람들을 구제하기 위해 포괄적 차별 금지법은 반드시 제정되어야 합니다.

하지만 관련 법 제정보다 더 중요한 문제가 있습니다. 우리 스스로가 혐오 표현에 분노해야 한다는 점입니다. 무엇보다 혐오에 대한 가장 나쁜 대응은 무관심이라 할 수 있어요. 혐오는 편견과 차별에 기반하고 있습니다. 표현의 자유를 내세우며 사회적 약자와 소수자들의 인권을 유린하는 혐오 발언과 행동에 대해 우리는 분노해야 합니다.

지금의 혐오 사회는 경제적 불황, 세대 간·계층 간 갈등 등 복합적인 원인이 얽히고설키며 탄생했습니다. 이처럼 각박한 현실에서 혐오가 혐오를 낳는 악순환을 막으려면 우선 혐오가 생길 수 있는 원인을 제거하는 것이 중요합니다. 이를 위해 법의 힘을 빌릴 수도 있겠지만, 단순히 결과를 처벌하는 것만으로는 근본적인 문제를 해결하기 어려울 거예요. 현재 우리에게 필요한 것은 서로를 이해하고 존중하는 마음, 공감하고 성찰하는 자세입니다. 타인을 배려하고 존중하는 것은 그들뿐만 아니라 바로 나 자신을 위한 일이기도 해요.

혐오가 사라진 사회는 경쟁에서 밀려나거나 애초에 경쟁 자체를 할 수 없는 사람도 자신의 권리를 누리며 동등한 삶의 기회를 얻을 수 있는 사회, 가난이나 장애, 성적 취향 등으로 차별받지 않는 사회, 누구나 자신의 삶을 자유롭게 꾸려 나가고 꿈을 실현할 수 있는 기회를 제공받는 사회일 것입니다.

나홀로족 시대,
'혼자'가
편한 사람들

혼놀러와 혼밥러의
레벨!
|
나는
몇 단계?

'혼놀', '혼밥', '혼술', '혼행' 등 '혼족 문화'가 우리 사회에서 하나의 문화 현상으로 자리 잡고 있습니다. 누구의 눈치도 보지 않고 혼자만의 생활을 즐기는 혼족들이 점차 늘고 있죠. 그렇다면 나의 혼놀러·혼밥러 레벨은 얼마일까요? 여기, 재미 삼아 보는 혼놀·혼밥 테스트를 소개합니다. 단계가 높을수록 난도가 상승합니다. 최고 레벨까지 간 당신은 진정한 프로 혼놀러·혼밥러!

● 혼놀 - 1단계: 카페 가서 놀기 / 2단계: 쇼핑하기 / 3단계: 노래방 가기 / 4단계: 영화 보기 / 5단계: 여행 가기 / 6단계: 콘서트 가기 / 7단계: 놀이동산 가기

● 혼밥 - 1단계: 편의점 / 2단계: 학생 식당 / 3단계: 패스트푸드 / 4단계: 분식집 / 5단계: 중국집, 냉면집 등 일반 음식점 / 6단계: 맛집 / 7단계: 패밀리 레스토랑 / 8단계: 고깃집, 횟집

인간이 지닌 가장 큰 두려움 가운데 하나는 고독 속에서 혼자 살아가는 것입니다. 걷잡을 수 없는 외로움은 인간을 절망과 죽음에 이르게 할 수도 있죠. 그런데 최근 나홀로족이 증가하면서 고독한 상황을 긍정적으로 받아들이는 새로운 관점이 주목받고 있습니다. 바로 '고독력(孤獨力)'입니다. 고독감(孤獨感)과 고독력은 다릅니다. 고독감이 외로움 속에서 느끼게 되는 우울한 감정이라면, 고독력은 혼자 있는 시간을 즐기고 창의적으로 활용하는 능력이라 할 수 있어요. 고독력이란 고독한 시간을 인간관계에서 오는 스트레스에서 벗어나게 하는 해방의 시간으로 여기는 능력이죠. 고독을 남의 시선에 신경 쓰지 않고 자신의 삶을 주체적으로 이끌게 하는 힘이라고 보는 거예요. 이처럼 고독감을 고독력으로 승화시키는 자만이 진정한 '나홀로족'이라 할 수 있을 겁니다.

고독감과 고독력,
어떻게
다를까?

'혼자'라는 말에서 따온 '혼' 자가 붙은 신조어가 늘고 있습니다. 혼자 밥 먹기를 뜻하는 혼밥, 혼자 술 먹기의 혼술, 혼자 영화 보기의 혼영, 혼자 노래하기의 혼곡, 혼자 놀기의 혼놀까지, 명칭도 다양하죠. 이처럼 혼자로서의 삶을 즐기며 살아가는 사람들을 이른바 '나홀로족', '혼족', 또는 '코쿤족'이라고 부릅니다.

이러한 나홀로족의 라이프 스타일이 유행처럼 번지고 있어요. 1인용 칸막이 식당이 늘어나고, 혼자서 영화를 보러 오는 사람들을 위해 영화관 한 열 전체를 싱글석으로 배치하는 극장도 생겨났어요. 1인실 형태의 동전 노래방과 만화방도 유행입니다. 나홀로족의 대표 음식이 된 편의점 도시락은 종류가 늘고 품질도 좋아져 '편의점 도시락을 먹는 사람'을 일컫는 '편도족'이라는 말까지 생겨났습니다.

지금은 나홀로족 시대

각종 언론 보도에 따르면 우리나라 20, 30대 인구의 절반은 자신을 나홀로족으로 여기고 있다고 해요. 혼밥족의 70%는 스스로 원해서 혼자 밥을 먹고 있고요. 국내 한 취업 포털 사이트에서 20, 30대 나홀로족을 상대로 실시한 조사에 따르면, 나홀로족을 택하는 이유 가운데 1위는 "본인이 원하는 방식대로 살 수 있어서"라고 합니다. 그 밖에 혼자만의 시간이 보장되고, 자신의 생계만 챙기면 되니 경제적 부담이 적고, 남에게 맞추거나 남과 비교되는 게 싫어서 나홀로족을 택한다고 해요. 여기에서 알 수 있듯 오늘날 나홀로족의 상당수는 자신이 주도하는 삶에서 만족감을 찾고 형식적이거나 불편한 인간관계에서 벗어나려는 사람들이라고 할 수 있습니다.

젊은 나홀로족은 자의식이 강하고 스마트 기기 이용과 모바일 생활에 익숙합니다. 이들은 대개 대중교통을 이용해 왕복 한 시간 이내 거리를 출퇴근하거나 등·하교하고, 이동 시간에는 음악 감상이나 인터넷 서핑을 즐겨요. 또한 대부분의 여가를 취미 생활로 보내고 가격 대비 성능과 품질이 우수한 물건을 선호합니다. 최소한의 생활 도구를 가지고 단순하게 살아가는 '미니멀 라이프'도 이들의 특징이죠.

이처럼 나홀로족이 증가하면서 '1인 가구'도 크게 늘고 있습니다. 1인 가구란 혼자서 주거와 생계를 유지하며 살아가는 사람을 뜻해요. 참고로 가구란 현실적으로 주거 및 생계를 같이하는 사람들로 이뤄진 집단을 말합니다. 가정이 혈연 및 결혼으로 맺어진 친족 구성원 집단을 의미한다면, 가구는 한집에서 취사, 취침 등을 같이하는 공동 생활자 집단을 뜻하죠. 사회학자들은 1인 가구를 오늘날 사회집단의 최소 구성단위로 규정하고 있어요. 과거 '한 쌍의 부부와 미혼의 자녀만으로 구성된' 핵가족이 소단위 가족을 대표했던 것과 비교하면 가족 트렌드가 변화했다고 할 수 있죠.

연도별 1인 가구 vs. 4인 가구 비율

	1인 가구	4인 가구
1990년	9	42.9
1995년	12.7	31.7
2000년	15.5	31.1
2005년	20	27
2010년	23.9	22
2015년	27.2	18.8
2016년	27.9	18.3
2017년	28.6	17.7

전체 가구에서 차지하는 비중(단위: %) — 통계청, 『2018 한국의 사회지표』

현재 우리나라에서는 1인 가구가 급속도로 증가하고 있습니다. 2017년을 기준으로 우리나라의 1인 가구 수는 560만이 넘는데, 이는 전체 가구 수의 약 28.6%에 해당하는 수치예요. 1인 가구가 네 집 가운데 한 집 이상을 차지할 정도로 주된 가구 유형이 된 것이죠.

1인 가구는 소비 트렌드는 물론 사회와 경제 구조의 변화를 주도하고 있습니다. 통계청에 따르면, 2018년 1인 가구의 월평균 소비 지출은 약 142만 원으로, 2인 가구의 약 220만 원에 비해 78만 원가량 적었습니다. 하지만 1인당 소비 지출을 비교해 보면, 약 32만 원이나 많은 금액이에요. 특히 1인 가구는 집을 얻거나 간편식 같은 음식을 사는 데 많은 비용을 쓰는 것으로 나타났어요. 이는 1인 가구가 주거비를 혼자 부담해야 하고, 가사 노동 역시 온전히 스스로의 몫이기에 간편성과 효율성을 추구한 결과라고 볼 수 있어요. 1인 가구가 증가할수록 전체 소비 규모도 늘어날 것으로 보입니다.

최근 기업들은 1인용 밥솥·냉장고 등 소형 가전제품과 1인용 가구·식품 등을 개발하면서 나홀로족의 마음을 사로잡기 위한 경쟁을 치열하게 펼치고 있습니다. 집도 소형 오피스텔 및 33m²(10평) 전후의 초소형 아파트가 인기를 끌고 있고요. 의식주를 포함한 경제생활 전반에서 1인 가구가 주도권을 잡고 있는 거예요.

나홀로 문화의 유행은 택배나 음식 배달 같은 배달업의 성장을 이끌기도 했습니다. 또 나홀로족을 대신해 가사 노동을 하거나 은행 및 관공서 업무를 도맡아 하는 신종 서비스업도 등장했죠. 1인 가구가 대세인 오늘날의 경제와 소비 트렌드는 '1코노미'나 '솔로 이코노미'*와 같은 신조어까지 낳고 있습니다.

1인 가구의 어두운 그림자

최근 나홀로족 시대가 도래하게 된 배경에는 여러 사회적 이유들로 인한 1인 가구 수의 급격한 증가가 자리하고 있어요. 경제난과 실업으로 인한 혼인 건수 감소, 이혼이나 자녀 교육, 취업 등으로 가족과 떨어져 혼자 사는 사람들의 증가, 고령화로 인한 독거노인의 증가 등

---

* '1코노미'는 '1인'과 '이코노미(economy)'의 합성어로, '혼자만의 소비생활을 즐기는 사람들의 경제활동'을 뜻한다. 1인 가구가 침체된 소비 시장에 활력을 불어넣을 거라는 기대가 담겨 있다. '솔로 이코노미(solo economy)'는 기업들이 1인 가구를 겨냥한 제품을 집중 개발해 판매하는 사회현상을 말한다.

은 1인 가구가 늘어나게 된 주요한 원인이죠.

　이러한 원인들에서 알 수 있듯, 1인 가구 중에 좋은 직업을 갖고 높은 소득을 올리며 활발하게 사회 활동을 하는 사람들은 소수에 불과해요. 한강이 보이는 멋진 원룸에서 혼자 살면서 유유자적 싱글 라이프를 즐기는 사람들의 모습은 그야말로 드라마 속 상상인 경우가 대부분이라는 의미죠. 통계청에서 발표한 『2018 가계 금융·복지 조사 보고』에 따르면, 1인 가구 가운데 연간 5,000만 원 이상의 높은 소득을 올린 사람은 7.4%에 지나지 않아요. 그런데 1,000만 원 미만의 소득을 올린 저소득층 비율은 무려 36.7%나 됩니다. 그리고 1,000만 원 이상~3,000만 원 미만은 42.2%였죠. 결국 1인 가구의 약 80%가 연간 3,000만 원 미만의 소득을 벌어들이고 있는 셈입니다.

　따라서 1인 가구의 빈곤율은 다른 가구에 비해 높은 편으로, 2018년에는 55% 정도가 빈곤층으로 분류됐습니다. 이처럼 1인 가구의 빈곤율이 심각한 가장 큰 이유는, 맞벌이나 경제활동을 하는 가구원 수가 많은 2인 이상 가구에 비해, 혼자서 버는 1인 가구의 소득이 턱없이 적기 때문이에요. 더불어 실업이나 실직으로 생계유지가 힘들거나 고령화로 경제활동이 어려운 1인 가구가 많기 때문이기도 하죠.

　이렇게 형편이 어려운데도 1인 가구는 정부에서 지원도 제대로 받지 못하고 있어요. 각종 사회적 지원 사업의 기초가 되는 정책들이 모두 4인 가구 기준으로 산정된 최저생계비에 기초하고 있기 때문이에요. 주거비와 의료비 등의 지출이 많은 1인 가구의 사정은 제대로 반영되지 않은 거죠. 게다가 1인 가구는 세금도 많이 내고 있습니다. 단적인 예로, 연말정산* 때 다인 가구 근로자가 인적공제나 자녀 양육비, 다자녀 등의 추가 공제를 받는 것과 달리, 1인 가구 근로자는 혜택을 받지 못합니다. 그러다 보니 이는 사실상 '싱글세'나 마찬가지라는 이야기도 나오고 있어요. 2016년 한국세무학회에서 발표한 내용에 따르면, 1인 가구가 2명의 자녀가 있는 외벌이 가구보다 연간 약 79만 원 상당의 세금을 더 낸다고 합니다.

1인 가구를 위한 새로운 정책 마련, 더 나아가 실업이나 저출산, 고령화와 같은 사회문제들이 해결되지 않는다면 우리 경제가 성장하는 데는 한계가 있을 거예요. 실업은 1인 가구의 소득을 더욱 감소시키고, 1인 가구 증가로 인한 저출산은 총인구 감소로 이어져 전체적인 생산과 소비를 더욱 줄어들게 할 것이기 때문입니다.

결국 1인 가구를 비롯한 다양한 형태의 가구에도 혜택이 돌아갈 수 있도록 하는 균형 잡힌 경제성장이 무엇보다 중요합니다. 이와 더불어 1인 가구가 될 수밖에 없는 소외 계층이나 빈곤층, 독거노인에 대한 사회적 배려와 경제적 지원도 계속해서 늘려 나가야 되고요.

나홀로족, 건강이 위험하다

1인 가구는 경제적 문제 외에도 건강적인 면에서도 많은 어려움을 겪고 있습니다. 가끔 방송을 통해 몇 달 동안 방치된 채 백골 상태로

* '연말 정산'이란 급여에 따라 일 년간 징수한 소득세에 대하여, 다음 연도 초에 넘거나 모자라는 액수를 정산하는 일을 말한다.

남은 시신이 발견되었다는 뉴스를 들은 적이 있을 거예요. 1인 가구가 늘면서, 이처럼 가족이나 주위 사람들과 단절된 채 홀로 죽음을 맞이하는 이른바 '고독사'도 갈수록 늘어나고 있습니다. 현재 고독사에 관한 정식 통계는 없고, 아무도 시신을 인수하지 않은 사망자, 곧 무연고 사망자 수로 가늠하고 있어요. 보건복지부에 따르면, 무연고 사망자 수는 2013년 1,271명에서 2017년 2,010명, 2018년 상반기에만 1,260명으로 꾸준히 늘고 있습니다.

고독사는 단지 독거노인만의 문제는 아닙니다. 최근 들어 갑작스러운 해고와 실직, 혹은 이혼과 같은 가족 문제로 혼자 살아가는 중·장년층의 고독사도 늘어나고 있다고 해요.

실제로 혼자 외롭게 사는 사람일수록 여러 질병에 취약하다는 연구 결과도 많이 발표되고 있어요. 독신으로 살아가는 사람들은 결혼한 사람들보다 심장마비를 일으킬 위험이 더 크고, 외로움으로 인한 면역력 약화로 감기 등 감염 질환에 걸릴 가능성도 더욱 높다고 합니다. 자주 외로움을 느끼는 사람들은 치매에 걸릴 확률이 보통 사람들보다 64%나 더 높다는 연구도 있죠. 이처럼 외로움이 병을 부르는 데는 이유가 있습니다.

일반적으로 외로운 사람은 그렇지 않은 사람들에 비해 활동량이 적습니다. 그리고 균형 잡힌 식단을 유지하기 어렵기 때문에 살이 찌기 쉽죠. 물론 '혼밥'으로도 충분한 영양 섭취가 가능할 수 있지만, 아무래도 곁에서 챙겨 주거나 조언해 주는 사람이 없어 과체중이나 저체중이 될 위험성이 큽니다. 또한 보호자나 의지할 사람이 없어, 병원을 찾아가 검진을 받는 경우도 적고요. 여기에 더해 요즘 유행처럼 번지고 있는 '혼술'도 우려를 키우고 있습니다. 혼자 술을 마시다 보면 자신의 주량보다 훨씬 더 많이 마실 수 있고, 이것이 습관으로 굳어지면 우울증이나 알코올의존증과 같은 질병에 걸릴 위험이 높기 때문입니다.

나홀로족으로 행복하게 살아가려면?

요즘 1인 가구도 크게 늘었지만, 가족관에 대한 사람들의 인식이 달라지면서 결혼과 출산에 기반하던 가족 구조도 변하고 있는 게 사실이에요. 실제로 한부모가족이나 재혼가족, 계약 결혼이나 동거로 이뤄진 가족 등 다양한 형태의 가족이 나타남에 따라, 1인 가구도 하나의 가족으로 봐야 한다는 주장이 늘고 있죠. 혈연 등으로 맺어진 2인 이상의 구성원이 있어야 가족이 성립될 수 있다는 생각에서 벗어나기 시작한 겁니다.

이와 더불어 인간관계도 변하고 있습니다. 혼자 사는 사람들에게 사이버공간에서 친구 맺기는 가장 중요한 일이 되었어요. 인터넷과 SNS에 익숙한 젊은 세대들은 시간과 장소의 제약에서 벗어나 사이버공간에서 익명으로 간편하게 소통하며 인간관계를 유지하는 경우가 많아졌죠. 그러나 대면 접촉 없는 인간관계는 공감 능력을 떨어뜨리고 자기중심적인 태도와 가치관을 더욱 확산시킬 수 있어요. 경험과 감정의 교류를 통해 외로움을 해소하지 못하면 그 외로움을 보상받기 위해 가상공간에서 더 많은 친구를 찾거나 사회적 네트워크에 보다 의존하게 되는 악순환이 발생하기도 합니다.

　최근에는 나홀로족이 다른 사람들과 같이 어울리거나 생활하면서 경제적 부담을 덜고 심리적 위안을 찾는 일도 많아졌어요. SNS를 통해 관심사가 비슷한 사람들끼리 만나 식사를 즐기며 인간관계를 맺는 것을 의미하는 '소셜 다이닝(social dining)', 여러 사람이 함께 한집을 임대해 개인 공간과 공용 공간을 구분해 거주하는 '셰어 하우스(share house)'가 그 예죠. 셰어 하우스를 통해 생겨나는 새로운 형태의 가족을 '사회적 가족'이라고 합니다. 사회적 가족은 사회적 관계로 맺어졌지만 마치 가족처럼 서로의 고민을 들어 주고 정도 나눌 수 있어, 1인 가구에서 발생하는 문제점들을 예방하거나 해결할 수 있는 대안적 가족 형태로 여겨지고 있어요. 실제로 노년층에서 발생하는 고독사 문제를 해결하거나 혼자서 자립해야 하는 청소년들을 보살피고 지원하는 데 사회적 가족의 기여가 크다고 합니다.

　한 연구에 따르면, 대부분의 사람들은 최소한 일주일에 두 번 이상 가족이나 친구, 이웃과 직접 만나 교류할 때 더 건강해지고 심리적으로도 너그러워진다고 해요. 이처럼 인간에게는 혼자만의 시간뿐만 아니라 다른 사람과 소통하는 시간도 필요합니다. 고독과 소통은 모두 소중한 삶의 조건입니다.

페미니즘 물결, 전 세계를 덮치다

우리나라 최초의
페미니스트는?

근대 이전, 우리나라 여성들은 삼종지도(三從之道)를 도덕규범으로 삼아 반드시 지켜야 했어요. "결혼하기 전에는 아버지를, 결혼해서는 남편을, 남편이 죽으면 자식을 따라야 한다"는 것이 그 내용이었죠. 이 같은 전통적인 여성관에 정면으로 도전하고, 인형이 되기를 거부한 여성이 있었습니다. '한국 최초의 여성 서양화가' 나혜석이 그 주인공입니다. 근대 신여성의 효시로 불리는 나혜석은 우리나라 최초의 페미니스트로 평가받고 있어요. 그녀는 유교 전통의 여성관에 반기를 들며 글과 그림을 통해 이를 깨고자 했어요. 조혼을 강요하는 아버지에 맞서 여성도 인간임을 주장하는 단편소설 「경희」(1918)를 발표하기도 했죠. 1930년 이혼을 한 나혜석은 1934년에 쓴 '이혼 고백장'이라는 글에서 여성에게 현모양처가 되기를 강요하는 사회를 비판하며 다음과 같이 말합니다. "여자도 사람이외다…. 조선 남성들아 그대들은 인형을 원하는가…. 나는 그대들의 노리개를 거부하오!"

디즈니 애니메이션 속 여성 캐릭터들을 살펴보면 여성에 대한 사회 인식의 변화를 알 수 있습니다. 1937년 발표된 디즈니 최초의 장편 애니메이션 〈백설공주와 일곱 난쟁이〉에서 백설공주는 모든 문제를 해결해 주는 왕자를 따르기만 하는 순종적인 캐릭터였습니다. 그 후 제작된 〈신데렐라〉(1950), 〈잠자는 숲속의 미녀〉(1959)의 여성 캐릭터들은 순종적이지만 때로는 불만을 표출하기도 하면서 점차 주체적인 성향을 보여 주기 시작했죠. 1990년대와 2000년대, 여성의 사회 진출이 늘기 시작한 시기에 발표된 〈미녀와 야수〉(1991), 〈뮬란〉(1998), 〈라푼젤〉(2010) 속 주인공들은 적극적이고 대담한 성격으로 자신의 운명을 개척해 나가는 여성들이었습니다. 〈겨울 왕국〉(2013)의 안나와 엘사 공주는 기존의 디즈니 캐릭터들에 비해 조금 더 대담하고 역동적이었어요. 시련을 극복하고 사회로부터 인정받는 과정 속에서 여성들이 연대하고 협력하는 모습을 보여 주었죠. 〈겨울 왕국〉은 남성 못지않은 강한 성취욕과 추진력을 지닌 현대 여성의 모습을 잘 표현한 애니메이션으로 평가받고 있습니다.

디즈니 애니메이션 속
여성 캐릭터,
어떻게 변화해
왔을까?

2018년, 청와대 홈페이지에는 군 위문 공연이 여성의 성을 상품화한다며 이를 폐지하자는 청원이 올라왔습니다. 그 발단은 민간단체에서 주최하고 후원한 군 위문 공연에 피트니스 모델 공연이 포함되어 있었기 때문이에요. 비키니 차림의 여성들이 몸매를 강조하는 각종 포즈를 취하는 모습에서, "여성을 사람으로 보는 건지 그저 진열대의 상품으로 보는 건지" 당황스러웠다는 반응이 줄을 이었죠.

요즘에는 대다수가 남성인 군인들 앞에서 걸 그룹을 비롯한 여성 가수들이 선정적인 옷차림과 안무를 선보이며 뜨거운 호응을 받는 것을 두고 곱지 않게 바라보는 시선이 늘고 있습니다. 관행처럼 이어져온 군 위문 공연에 이 같은 비판 의식이 생긴 것은 최근 우리 사회에 퍼진 페미니즘(feminism) 물결과도 관련이 있어 보입니다.

세상 밖으로 나온 페미니즘

페미니즘이란 '성별로 인해 발생하는 정치적·경제적·사회적·문화적 차별을 없애야 한다는 견해'를 말합니다. 우리 사회에서는 지난 2016년에 여성 혐오 범죄인 '강남역 살인 사건'이 발생하면서 페미니즘이 한층 뜨거운 이슈로 대두되기 시작했어요. 이 무렵부터 여성 혐오가 심각한 사회문제로 인식됐고, 성차별에 대한 여성들의 분노가 들끓었죠. 페미니즘을 화두로 삼은 책들이 출간 붐을 이뤘고, 페미니즘 운동이 활발히 전개됐습니다.

그런데 2017년 10월, 미국 사회를 발칵 뒤집어 놓는 사건이 일어났어요. 영화배우 애슐리 주드Ashley Judd가 〈뉴욕타임즈〉를 통해 영화 제작업계의 거물 하비 와인스타인Harvey Weinstein에게 성추행을 당했다고 폭로한 거예요. 기사 이후 자신도 와인스타인에게 성추행을 당했다는 사람들의 고백이 잇따랐는데, 밝혀진 것만 해도 30명이 넘는다고 해요. 며칠 뒤 영화배우 알리사 밀라노Alyssa Milano는 할리우드 유명 영화 제작자의 잇따른 여배우 성추문 사실을 알리며 '미투(Me Too) 운동'을 제안했습니다. 그러자 하루 만에 8만 명이나 되는 사람들이 동참하면서, 그 전까지 알려지지 않았던 성범죄의 심각성이 수면 위로 떠올랐죠. 이에 미투 운동 지지자들이 SNS에 해시태그 '#WithYou'를 달아 응원의 뜻을 보내는 위드유(With You) 운동도 시작되었습니다.

2018년 1월에는 우리나라에서도 페미니즘 역사에 한 획을 그을 만한 중요한 사건이 터졌습니다. 한 여성 검사의 폭로로 미투 운동이 시작된 겁니다. 우리 사회 미투 운동의 첫 주자로 꼽히는 해당 검사는 텔레비전 뉴스에 출연해 남성 상관이 자신을 성추행한 사실을 밝혔어요. 이후 문화·예술·정치·의료·종교·체육계 등 사회 전 분야에서 남성의 우월적 지위를 이용한 권력형 성범죄가 폭로됐고, 지금까지도 성폭력과 남녀 차별에 맞선 투쟁이 이어지고 있습니다.

페미니즘 운동, 언제 시작됐을까?

"페미니즘은 남성과 여성이 평등한 권리와 기회를 가져야 한다는 신념이다."

이 말은 영화 〈해리포터〉의 주연 배우 엠마 왓슨^{Emma Watson}이 2014년 친선 대사로 활동할 당시 국제연합(UN) 연설에서 한 것으로, 페미니즘의 정신을 잘 드러내고 있어요. 페미니즘 운동은 성 평등이 실현된 세상을 만들려는 실천 활동으로, 페미니스트(feminist)는 이러한 페미니즘을 따르는 사람들을 뜻하죠.

그렇다면 페미니즘 운동은 언제, 누구에 의해 시작되었을까요? 페미니즘 운동의 시작을 알린 것은 영국 작가 메리 울스턴크래프트^{Mary Wollstonecraft}가 쓴 『여성의 권리 옹호』(1792)라는 책입니다. 이 책은 최초의 페미니즘 도서로 남성과 평등한 여성의 권리를 주장하는 등 당시로서는 파격적인 주장을 담고 있었죠.

이후 전개된 페미니즘 운동은 세 차례 거대한 물결을 일으켰습니다. 1900년대 초반에 일어난 첫 번째 물결은 여성 참정권 획득 및 사유재산 인정을 주장한 것으로, 1908년 3월 8일에 벌어진 미국 여성 노동자들의 참정권 요구 시위가 도화선이 됐습니다. 따라서 국제연합은 당시 시위 날짜를 '세계 여성의 날'로 지정해 오늘날까지 그 의미를 기리고 있죠. 두 번째 물결은 1960년대에 시작되어 1980년대까지 이어졌는데, 남녀 간 노동환경 및 임금 격차 등을 해소하고, 집안일과 육아에 대한 양성평등을 확산시키는 데 초점이 맞춰졌어요. 마지막으로 세 번째 물결은 1990년대부터 현재까지 전개되고 있는데, 여성의 생식권* 보장을 비롯해 성별을 불문한 개인의 다양성과 차이를 주장하는 데 주력하고 있죠. 최근 우리 사회에서 전개되는 페미니즘 운동은 주로 여성의 몸과 섹슈얼리티를 주제로 여성 해방을 부르짖고 있어요.

사실 우리나라에서 여성의 인권 문제를 논의하기 시작한 지는 이제 겨우 120년 정도밖에 되지 않았습니다. 1898년 9월 1일, 서울의 북촌에 사는 여성들과 여성 운동가 300명이 모여 우리나라 최초의 여성 인권 선언서라 불리는 「여학교 설시 통문(女學校設始通文)」, 이른바 「여권통문(女權通文)」을 발표한 것이 그 시초라 할 수 있죠. 여성도 교육받을 권리가 있음을 밝힌 이 통문에는 문명개화를 위해 여성이 정치에 참여할 권리, 남성과 평등하게 직업을 가질 권리 등이 담겨 있었어요. 여권통문은 우리나라가 근대화를 시작하면서 '역사상 최초로 여성들 스스로 권리를 주장한 것'이라는 점에서 큰 의미가 있습니다.

페미니즘, 지금 우리 사회에서는?

우리 사회에서는 페미니즘 운동으로 인해 여성의 권리와 지위가 눈에 띄게 향상됐습니다. 그러나 이 과정에서 때로는 여성의 권리 투쟁이 남성에 대한 증오와 동일시되며 역풍을 맞기도 했어요. 최근에는 여성의 경제활동 및 사회참여 증가로 상대적 박탈감을 느낀 일부 남성들

---

* 가족계획, 피임, 낙태, 성교육, 건강관리에 대한 권리.

이 여성 혐오를 표출하고 있기도 해요. 전문가들은 여성 혐오가 사회 구조적 모순을 여성의 탓으로 돌리는 그릇된 생각에서 비롯됐다고 진단하죠. 여성의 지위와 권리는 갈수록 향상되고 있지만 페미니즘이 온전히 실현되기까지는 아직 난관이 많아 보입니다.

그런데 최근 들어 가부장적인 한국 문화를 정면으로 부정하고 남성을 배제한 여성만의 페미니즘이 도래하면서 성 갈등이 그 어느 때보다 심화되고 있어요. 급진적 페미니즘 운동이 다양한 이슈들을 확대 재생산하며 사회 곳곳에서 뜨거운 논쟁을 일으키고 있죠. 전문가들은 최근 우리 사회에서 급진적 페미니즘이 주류로 자리 잡으면서 페미니즘 논의가 더욱 불붙었다고 진단합니다. 따라서 요즘 뉴스에는 그 어느 때보다 페미니즘 운동과 관련된 용어들이 자주 등장하고 있어요.

가장 많이 등장하는 용어로는 '미러링(mirroring)'을 들 수 있습니다. 미러링이란 '여성들이 받은 혐오를 그대로 반사해 남성에게 되돌려 주는 것'으로, 여성 혐오에 대항하는 극단적 페미니즘의 한 방식을 말합니다. 특히 미러링은 급진적 페미니즘의 일환으로 시작됐지만 남녀 갈등을 부추기며 페미니즘의 변질을 가져왔다는 비판을 받기도 했어요. 남성 혐오·여성 우월주의를 표방하는 사이트 '메갈리아(Megalia. com)'와 '워마드(Womad.life)'가 미러링을 명목으로 각종 물의를 일으켰기 때문이죠. 이들은 '홍대 누드 크로키 몰카 유포 사건'을 비롯해 '천주교 성체 훼손', '남아 유괴 예고', '남성 화장실·목욕탕 몰카 유포' 등으로 여론의 뭇매를 맞았습니다. 전문가들은 이 같은 극단적인 미러링은 폭력의 재생산에 불과하다고 지적합니다.

'불꽃페미액션'이라는 용어도 많이 들어 봤을 거예요. 우리 사회에서 가장 '핫한' 페미니스트 단체로 꼽히는 '불꽃페미액션'은 급진적인 시위로 화제를 모았습니다. 이들은 현행 법률이 남성과 달리 여성의 반라 사진만 음란물로 규정하는 것이 성차별이라며 이에 항의하는 상의 탈의 시위를 도심 한복판에서 진행했죠. 또 여성에게만 요구되는 제모를 거부하며 '천하제일 겨털 대회'를 여는가 하면, 사회적으로 터부시되는 월경을 당당히 이야기하자며 '월경 페스티벌'을 개최해 이목을 끌었어요. 그 밖에 외모지상주의와 몸에 대한 억압적인 시선에 문제를 제기한 '외모왜뭐?' 프로젝트, 클럽 내 성폭력 근절을 요구하는 '클럽 시위'를 벌이기도 했습니다.

최근 들어 많이 등장하는 용어로는 '백래시(backlash)'가 있습니다. 페미니즘의 확산에 대항하며 생겨난 백래시는 남녀 대결 구도를 뚜렷하게 만들고 있어요. 백래시란 '사회적·정치적 변화에 대해 나타나는 반발 심리 및 행동'을 이르는 말로, 일부 남성들이 페미니즘에 대해 피해 의식을 갖고 반발하면서 나타나게 됐죠. 실제로 한 대학에서는 남학생들이 페미니즘 강의를 거부하는 한편 총여학생회 폐지를 주장하고 나섰고, 어느 유명 걸 그룹 멤버는 페미니즘 관련 소설을 읽었다는 이유로 남성 네티즌들의 비난을 받은 바 있습니다.

그 밖에 '탈(脫)코르셋'이라는 용어도 페미니즘과 관련해 자주 등장하는 단어입니다. 페미니즘과 성 평등에 대한 사회적 관심이 높아지면서 여성들의 일상에도 새로운 변화가 생겨나고 있습니다. 그중 하나가 '탈코르셋'입니다. 코르셋은 중세 시대 유럽 여성들이 사용한 보정

속옷입니다. 허리와 배를 압박해 몸매가 날씬해 보이도록 하죠. 그런데 이 코르셋이 심하게 몸을 압박해 내장이 뒤틀리거나 터지는 경우도 많았다고 해요. 이후 코르셋은 여성을 압박하는 물건의 대명사로 여겨졌죠. 현대에는 코르셋이 '남성 중심 사회에서 여성들에게 차별적으로 적용되는 의무'를 뜻하는 말로 사용되고 있어요. 다이어트, 화장, 성형 등을 '외모 코르셋', 여성은 언제나 상냥하고 예의와 도리를 지켜야 한다는 것과 같은 성차별적인 인식을 '도덕 코르셋'이라 부르기도 하죠. 즉 탈코르셋은 이러한 코르셋에서 벗어난다는 의미로, 남의 시선을 의식해 억지로 꾸미지 않을 것을 주장하는 사회운동을 의미합니다.

최근에는 SNS에 화장품을 부수거나 짧은 머리에 화장을 하지 않은 사진을 올리는 이른바 '탈코 인증'이 하나의 트렌드처럼 퍼져 나가고 있어요. 여성들이 화장을 하고 머리를 기르는 것이 성 정체성이나 자기만족을 위한 것이 아니라, 남성 중심 사회에서 살아남기 위한 선택이었다고 주장하는 여성들이 증가하고 있죠. 이들은 여성에게 강요된 아름다움이나 여성스러움에서 탈피해야 한다고 말해요. 이러한 탈코르셋 운동에 공감하고 지지하는 사람들도 계속해서 늘어나고 있답니다.

여성은 태어나는 것이 아니라 만들어지는 것이다

오늘날 여성에게 부여되는 사회적 역할과 정체성에 엄청난 영향을 주고 있는 또 다른 하나는 바로 대중문화입니다. 대중문화에서 성적인 코드는 대중의 시선을 사로잡는 가장 중요한 요소로 꼽히곤 하죠.

하지만 이슈를 만들기 위해 여성의 신체에 과도하게 집착하고, 성적인 이미지를 선정적이고 자극적으로 부각하면서 여성의 성을 지나치게 상품화하는 것은 큰 문제입니다. 여성이 남성을 위한 도구처럼 비춰지고, 여성을 인격적 존재가 아닌 성적 대상으로만 바라보게 만들기 때문이에요. 각종 미디어 산업에서 소비되는 왜곡된 여성성은 이미 대중문화 전반에 뿌리내리고 있고, 갈수록 그 정도가 더욱 심해지고 있습니다.

흔히 대중문화 속 여성은 성 역할에 있어서 차별적이고 왜곡된 이미지를 부여받기도 합니다. 이전에 비해 개선되었다고는 하지만, 여전히 드라마나 영화 등에서 여성들은 주로 가정과 관련된 일을 하며 남성을 보조하는 역할로 등장하는 경우가 많죠. 남성의 시선과 남성 위주의 삶에 맞춰진 대중문화 속 여성상의 위험성을 페미니스트들은 강하게 지적하고 있습니다. 그들은 여성도 남성과 동등하게 자기 자신의 삶을 영위해야 한다는 점을 무엇보다 강조합니다.

우리말의 '성(性)'은 '유전적·생물학적으로 타고난 성(sex)'과 '사회적·문화적으로 형성된 성(gender)'을 모두 포괄하고 있습니다. 페미니스트들이 주목하는 성차별이란 특히 젠더에 의한 차별을 가리킵니다. 예를 들면 '여성은 남성보다 소극적이고 감정적이다'라는 말 속에 나타나는 여성성은 남녀 간의 생물학적인 차이에서 비롯된 성(sex)이 아니라, 가부장적인 문화를 유지하기 위해 남성이 의도적으로 만들어 낸 생각을 여성들에게 부여한 성(gender)이라는 거죠.

프랑스의 소설가이자 사회운동가인 시몬 드 보부아르Simone de Beauvoir는 저서 『제2의 성』에서 "여성은 태어나는 것이 아니라 만들어지는 것이다."라고 했습니다. 우리가 남녀의 성별에 따른 차이라고 당연하게 여기는 것들이 사실은 모두 사회적·문화적으로 규정되어 온 것이지, 처음부터 그런 것은 아니라는 뜻입니다. 흔히 여성다운 것으로 여겨지는 수동적인 태도나 애교, 모성애 등이 결국 사회적인 관습 속에서 형성되어 남성과 여성 모두를 길들여 왔다는 보부아르의 지적은 많은 사람들의 공감을 이끌고 세계적인 반향을 불러일으켰어요. 이처럼 성적 정체성은 타고나는 것이 아니라, 사회적 환경에 의해 결정적인 영향을 받는다는 것은 페미니즘에서 가장 중요하게 생각하는 지점 중 하나입니다.

특히 어린 시절부터 보고, 놀고, 느끼며 자연스럽게 형성되는 성역할에 대한 고정관념은 정말 중요합니다. 성인이 되어서까지 비교적 안정적으로 유지되기 때문이죠. 어릴 적 성 역할에 대한 인식이 잘못 뿌리내리면 이는 이후 성차별이나 갈등으로 충분히 이어질 수 있어요. 따라서 아이들이 자아를 형성해 가는 시기에 올바른 젠더 교육을 시행해, 그들이 평등한 남녀 관계를 형성하고 다양성을 인정하는 어른으로 성장할 수 있도록 노력해야 합니다.

가령 우리는 무의식적으로 여자아이와 남자아이에게 각각 어울리는 장난감을 구분해요. 여자아이는 분홍색 인형, 남자아이는 파란색 로봇이나 자동차를 갖고 놀 거라 생각하죠. 마트에 있는 장난감 매장에 가면, 한쪽은 파란색으로, 다른 한쪽은 분홍색으로 서로 확연히 구분되는 장난감 매대를 흔히 볼 수 있어요. 그런데 유럽양성평등기구(EIGE)에 따르면 아이들이 어릴 적에 주로 갖고 노는 장난감이 아이의 성 역할 확립에 영향을 미친다고 해요. 이는 취향과 기호를 획일화시켜 훗날 직업을 선택할 때도 영향력을 행사하죠. 즉 성별에 따라 비슷한 종류의 장난감을 권하게 되면 아이들이 다른 분야에 대한 호기심을 차단할 가능성이 높아지고, 나아가 꿈을 결정하는 데 제약을 받을 수도 있습니다.

여성다움, 남성다움이라는 고정관념을 깨다

앞서 살펴본 것처럼 시대에 따라, 그리고 주요 관심사에 따라 페미니즘의 실천은 다양한 방식으로 이루어져 왔습니다. 페미니즘은 성차별적인 법과 제도를 바꾸고 사회를 개혁하는 모습으로, 때로는 우리 안에 자리 잡고 있는 성차별적인 인식을 없애는 모습으로 나타나고 있죠. 중요한 사실은 문화를 바꾸는 것이 법을 바꾸는 것보다 훨씬 더 오랜 시간을 필요로 한다는 점입니다.

현재 우리나라 페미니즘 운동은 많은 어려움을 겪고 있습니다. 급진적인 페미니스트가 등장하면서 오히려 일반인들이 페미니즘 자체에 거부감을 느끼게 된 것도 그 이유라 할 수 있죠. 급진적인 페미니스트 사이트에 올라온 글들을 분석해 보면 일관된 공통점이 있습니다. 바로 '공포'라는 감정을 기반으로 하고 있다는 점이에요. 차별받는 것에 대한 공포, 성범죄의 희생자가 되는 공포, 남성에 대한 공포가 그들의 주장 속에 자리 잡고 있다는 거죠. 그들은 남성에 대한 배타적인 혐오, 남성의 존재 가치에 대한 부정, 남성과의 완전한 분리를 주장하지만, 이는 결코 근본적인 해결책이 되지 못합니다. 공포를 이기려면 눈앞의 현실을 피하지 말고 자신이 두려워하는 대상과 마주 보아야 합니다.

"'눈에는 눈'을 고집한다면 세상의 모든 눈이 멀게 될 것"이라는 마하트마 간디Mahatma Gandhi의 말처럼, 서로를 눈멀게 하는 극단적인 혐오와 폭력은 이제 멈춰야 합니다. 이를 위해서는 무엇보다 남성들의 역할이 매우 중요합니다. 지난 수천 년 동안 많은 여성들은 세상이 자신의 요구를 들어주기를 기다려 왔습니다. 남성과 똑같이 인간으로서의 존엄성과 권리를 가진 여성들을 위해, 그리고 자신을 위해 남성들도 양성평등 실현에 적극 동참해야 할 것입니다.

다문화 사회,
함1게 사는
우리

우리는 과연
단일민족일까?

단일민족이라고 하면 가장 먼저 무슨 단어가 떠오르나요? 순수한 혈통, 같은 핏줄, 단군의 자손 같은 단어가 아닐까 합니다. 그러면 우리 한민족은 단일민족이라는 게 사실일까요? 서강대 동아연구소 강희정 교수는 "고려 시대만 보더라도 거란, 여진, 몽골은 물론이고 위구르와 베트남에서까지 귀화했다. 사서에 나오는 인원만도 수천 명이 고려로 귀화해 정착했으니 우리가 단일민족이라 하기에는 어폐가 있다."라고 말합니다. 실제로 12세기 초까지 고려로 이주한 이민족은 17만 명가량 되는 걸로 알려져 있어요. 이는 200만 명 정도로 추정되는 고려 인구의 8.5%로, 지금의 국내 체류 외국인 비율보다 훨씬 높죠. 심지어 고려가요인 「쌍화점」에는 "쌍화점에 쌍화(만두) 사러 갔더니/회회아비 내 손목을 잡더라"는 내용이 나오는데, 여기서 회회아비란 '고려에 와 있던 몽골 사람'을 말해요. 노래에 나올 만큼 많은 이민족의 상인들이 대거 들어와 살고 있었던 거죠. 그 뒤로도 이민족들의 귀화는 계속되어서, 조선 시대에도 꽤 많은 이민족이 한반도로 들어왔다고 합니다.

2018년 4월, 미국 필라델피아에 있는 스타벅스 매장에서 황당한 사건이 벌어졌습니다. 흑인 두 명이 음료를 주문하지 않고 자리에 앉아 있자, 직원들이 '무단 침입'으로 신고를 해 버린 거예요. 곧 경찰들이 들이닥쳤고, 이들은 흑인 남성 두 명을 수갑을 채워 연행했습니다. 그런데 사실 그 흑인들은 그저 친구를 기다리는 중이었다고 해요. 이는 명백한 인종차별로, 전 세계 네티즌의 공분을 샀죠. 논란이 계속되자 스타벅스 최고 경영자인 케빈 존슨은 그들에게 직접 가서 사과했어요. 그리고 다음 달, 미국 전역의 직영 매장 8,000여 곳의 전체 직원들을 대상으로 인종차별 예방 교육을 시행했죠. 하지만 스타벅스 사건 이후에도 미국에서는 여전히 소수 인종 소비자에 대한 인종차별 사건이 끊이지 않고 있어요. 2019년에는 음료 프랜차이즈 업체인 스무디킹 매장에서 한인 남성의 영수증에 추문자 이름으로 '재키 챈(Jackie Chan)', 아프리카계 미국인 고객에겐 '니거(nigger)'라는 단어를 써 논란이 됐죠. '재키 챈'은 중화권 배우 성룡의 영어 이름으로, '아시아인들은 겉모습이 모두 비슷하게 생겼다'는 비하적인 의미가 담겨 있고, 니거는 흑인을 비하하는 말입니다.

별다방에서도
인종차별이?

매주 일요일이면 서울 혜화동 성당 주변 거리에 필리핀 사람들의 장터가 생깁니다. '혜화 필리핀 마켓'이라 불리는 이곳 장터에서는 길게 이어진 녹색 천막 아래로 코코넛 파이와 바나나 튀김이 지나가는 사람들의 입맛을 자극하죠. 중구 광희동의 한 상가 건물을 방문하면 입구에서부터 "라프타모르노!"라는 말이 들려옵니다. '어서 오세요!'라는 몽골어예요. '몽골 타워'로 불리는 이곳은 10층 건물 전체가 몽골을 그대로 옮겨다 놓은 듯합니다. 현재 우리나라에 살고 있는 외국인 수는 약 172만 명에 이릅니다. 2018년, 한국을 방문한 외국인 관광객 수는 약 1,535만 명이었죠. 1978년 전까지만 해도 한국을 찾는 외국인 관광객이 연간 100만 명 정도에 불과했다는 것을 생각하면, 얼마나 많은 외국인이 우리나라 국경을 넘나들고 있는지 실감이 날 거예요.

도시 속 이색적인 거리들

이제 장소를 옮겨 이태원의 이슬람 사원 앞으로 향해 볼까요? 이곳에서는 터번을 두르고 흰 옷을 입은 검은 피부의 무슬림(Muslim)들이 보입니다. 이뿐만이 아닙니다. 우리는 방배동 서래마을에서 도심 속 작은 프랑스를 만날 수 있고, 가리봉동과 연희동에서는 중국어 간판들이 가득한 거리를 걸어 볼 수도 있죠.

서울에서만 외국인들과 외국 문화를 만날 수 있는 것은 아니에요. 인천에는 짜장면이 유래한 차이나타운이 있고, 안산시 단원구 원곡동에는 다문화 특구가 조성되어 있죠. 특히 안산시에는 중국, 몽골, 필리핀, 태국, 러시아 등 108개국에서 온 8만 6,000여 명의 외국인이 살고 있습니다(2018년 12월 기준). 안산 반월 공단에서 일하는 외국인 근로자들이 근처에 모여 살게 되면서 원곡동은 우리나라에서 가장 이국적인 공간이 되었어요. 우리나라 최초의 다문화 특구로 지정된 원곡동에는 외국인이 운영하는 음식점만 해도 180여 곳이나 된다고 합니다.

그렇다면 이렇게 곳곳에 외국인 거리가 존재하는 우리나라를 다문화 사회라고 부를 수 있을까요? 서로 다른 문화가 한 국가나 집단 속에 공존하고 있을 때 이를 '다문화 사회'라고 합니다. 학자들마다 의견이 다르지만 일반적으로 인구의 5% 이상이 외국에서 온 사람들로 이루어져 있는 경우 다문화 사회라고 불러요. 법무부 통계에 따르면, 2018년 말 기준 우리나라에 90일 이상 거주한 외국인은 약 168만 7,000명으로 총인구 중 3.2%였어요. 여기에 단기 체류 외국인까지 합하면 우리나라에 머물고 있는 외국인 수는 크게 늘어나요. 236만 7,607명이나 되죠. 우리나라 전체 인구 대비 외국인 비율을 따지면 이는 4.57%로, 인구 100명 중 4.6명은 언어와 문화가 다른 나라에서 온 사람들인 셈입니다. 결국 우리나라는 다문화 사회에 접어들었다고 볼 수 있어요.

다문화 사회, 우리 사회를 구성하는 사람들

그러면 우리나라에 머물고 있는 외국인은 어느 나라 출신들이 많은지 살펴볼까요? 1위는 중국(한국계 중국인 포함, 107만 566명)이고, 2위는 태국(19만 7,764명), 3위는 베트남(19만 6,633명)이며, 그 밖에 미국, 우즈베키스탄, 일본에서도 많은 외국인이 오고 있습니다. 이들은 어떤 이유로 우리나라에서 살게 된 걸까요?

국내 거주 외국인들을 유형별로 분류한 결과를 보면, 흔히 이주 노동자로 불리는 외국인 노동자들이 가장 많은 수를 차지하고 있습니다(59만 4,991명). 적은 임금을 받으면서 힘들고 위험한 일을 해야 하는 일터에서는 일손이 많이 부족해요. 우리나라 정부는 외국인 노동자들의 단기 체류를 허락해 산업 현장의 부족한 일손을 메우고 있죠.

다음으로 결혼 이민자와 혼인 귀화자의 수도 많은 비중을 차지하고 있어요(15만 9,206명). 이렇게 국제결혼을 통해 탄생한 가족을 '다문화 가족' 또는 '다문화 가정'이라 부르죠. 이들 가정에서 출생한 자녀들은 다문화 사회의 중요한 구성원이 되고 있습니다.

그 밖에 우리 사회의 빼놓을 수 없는 구성원으로 북한 이탈 주민이 있어요. 남북 분단이 장기화되면서 같은 민족 사이에도 외국인 못지않은 문화적 차이가 생겨났기 때문에 이들도 다문화 사회의 구성원으로 볼 수 있죠.

북한 이탈 주민들이 우리나라에 들어오면, 우선 3개월 동안 사회 적응에 필요한 것들을 교육받습니다. 관공서·은행·대중교통 이용법,

신용카드·인터넷·휴대전화 사용법처럼 우리에게는 아주 익숙하고 기본적인 것들을 배우죠. 교육을 마치고 나면, 그들은 이제 자본주의사회에서 독립해 살아 나가야 합니다. 국가에서 정착 지원금과 생계 급여, 취업 및 교육 지원 등을 해 주긴 하지만 적응이 쉽지는 않다고 해요. 무엇보다 오랫동안 북한에 살면서 가지게 된 사고방식과 행동 양식 때문에 큰 문화적 충격을 겪게 되죠. 현재 약 3만 3,000명의 북한 이탈 주민이 우리와 함께 살고 있는 가운데, 이들 중 대다수는 빈곤층에 머물러 있다고 합니다.

다문화 사회를 향한 진통

현재 우리나라에 거주하고 있는 이주 노동자들은 60만 명 가까이 됩니다. 중국, 베트남, 태국, 몽골 등 대부분 우리보다 가난한 나라에서 온 이들은 영세한 중소기업이나 농장 등에서 일하며 우리 경제의 밑거름이 되고 있어요. 하지만 이들 가운데는 위험한 작업환경에서 장시간 일을 하고도 제대로 임금을 받지 못하거나, 일하다 몸을 다쳐도 치료조차 받지 못하는 사람들이 꽤 있다고 합니다. 그럼에도 불구하고 해고나 강제 추방이 두려워 당연한 권리를 주장하지 못하고 있죠. 그런가 하면 자신의 근로조건도 정확히 파악하지 못한 채 계약서에 서명하는 외국인 노동자도 다수라고 해요.

김려령 작가의 소설 『완득이』(2008)는 이러한 외국인 노동자에 대한 부당한 처우와 사회적 편견에 내몰린 다문화 가정의 현실을 생생하게 그리고 있습니다. 불우한 가정에서 살아가는 주인공 도완득은 어느 날 죽은 줄로만 알았던 엄마가 살아 있다는 사실과 함께, 그녀가 베트남 사람이라는 사실을 알게 돼요. 게다가 사사건건 자신의 일에 참견하는 담임선생 동주마저 완득이를 귀찮고 불편하게 하죠. 하지만 동주는 외국인 노동자들의 인권 향상을 위해 애쓰는 속 깊은 사람이었어요.

그런데 『완득이』에 나오는 것과 같은 부당한 처사는 비단 노동 현장에 국한된 것만은 아니랍니다. 가난을 피해 한국으로 이주한 동남아시아 여성들 가운데는 인권의 사각지대에 놓여 있는 사람들이 많아요. 이들 중 일부에게 벌어진 충격적인 사건들은 매스컴을 통해 보도된 바 있어요. 지난 2007년에는 베트남에서 한국으로 시집온 '후안 마이'라는 여성이 결혼 1주일 만에 남편이 휘두른 흉기에 찔려 사망했습니다. 부검을 해 보니 그녀는 상습 폭행으로 인해 갈비뼈가 18개나 부러져 있었어요. 그런가 하면 1993년, 네팔 여성 '찬드라'는 지갑을 집에 두고 온 것을 모르고 음식점에서 밥을 먹었다가 경찰서에 잡혀가는 당혹스러운 일을 겪었습니다. 그런데 그녀는 어눌한 한국말과 초라한 행색 때문에 정신장애인으로 오해받았고, 급기야 정신병원에서 6년 4개월 동안이나 감금당하는 어처구니없는 일을 당해야 했죠.

국가인권위원회에 따르면, 여성 이주 노동자 10명 가운데 2명은 직장 내 성희롱 피해를 입었으며, 국내 결혼 이주 여성 10명 중 4명이 가정폭력에 시달린 경험이 있다고 합니다. 이 중 10명 가운데 약 7명은 성적 학대를, 8명가량은 언어적 학대를 당했다고 하죠. 가난한 나라에서 온 외국인 여성, 사회적으로 가장 약한 자들에게 가해진 우리 사회의 폭력은, 차라리 현실이 아닌 소설이었으면 하는 마음이 들게 할 정도입니다.

인종차별과 제노포비아

인종차별은 비단 우리 대한민국만의 문제는 아닙니다. 미국뿐 아니라 유럽에서도 인종차별 문제로 골머리를 앓고 있죠. 그렇다면 이토록 뿌리 깊은 인종차별은 어디서, 어떻게 시작되었을까요?

백인과 흑인 또는 유럽인과 아랍인, 아시아인 사이에는 한눈에 보아도 뚜렷하게 구분되는 차이가 있습니다. 이들의 피부색과 얼굴 등의 차이는 각기 다른 자연환경에 적응하기 위한 진화 과정에서 발생했어요. 과학자들은 이로 인한 차이는 인종 간 능력을 구분 짓는 요소가 아니며, 단순한 '다름'에 불과하다고 강조합니다. 그럼에도 사람들은 여전히 이를 두고 '우수한 것과 열등한 것', '좋은 것과 나쁜 것'을 가르는 차별을 범하고 있어요. 그것은 아마도 사람들의 의식 속에 뿌리 깊이 박힌 편견 때문일 텐데요. 이러한 편견은 인류의 역사가 만들어 낸 그늘이기도 합니다.

근대 이후 백인들은 인류 문명의 발달을 주도해 왔습니다. 그들은 앞선 지식과 기술을 무기로 전 세계에 식민지를 건설하고 다양한 민족을 지배하며, 자신들만의 시각으로 각각의 민족과 문화를 구분 짓고 평가해 왔죠. 그들은 자신들이 개척한 광활한 식민지에서 노예로 부리기 위해 강제 이주시킨 아프리카 원주민들을 야만스럽고 열등한 존재로 대했습니다. 그런데 이것은 자신들의 만행을 정당화시키기 위한 방편이기도 했어요.

다른 인종과 문화에 대한 차별에는 인간의 본능도 자리하고 있습니다. 인간은 본능적으로 낯선 것에 대한 두려움을 갖고 있어요. 이러한 두려움이 극단적으로 변하면 '제노포비아(xenophobia)'와 같은 부정적인 사회현상이 생겨날 수 있습니다. '외국인 혐오증'으로 번역할 수 있는 제노포비아는 이방인을 뜻하는 '제노스(xenos)'와 공포를 뜻하는 '포보스(phobos)'라는 그리스어에서 유래한 말입니다. 민족과 문화의 동질성이 강한 집단이 다른 문화권에서 온 외부인을 혐오하고 증오하는 현상을 의미하죠.

제노포비아는 인류 역사에 끔찍한 재앙을 불러왔습니다. 과거는 물론 현대사회에 이르기까지 제노포비아가 원인이 되어 일어난 사건은 수없이 많아요. 제2차 세계대전 당시 독일의 히틀러^{Adolf Hitler}는 이른바 '인종 청소'라는 명목으로 600만여 명에 이르는 유태인을 가혹하게 죽였습니다. 그런가 하면 몇 해 전 노르웨이에서는 다문화를 혐오하는 극우주의 청년 브레이비크^{A. B. Breivik}가 정부 청사에 폭탄을 터뜨리고, 청소년 캠프에 총을 난사해 무고한 시민 77명을 죽이는 광란의 살인극을 벌였죠. 끝나지 않은 미국의 흑인 폭동, 스킨헤드족들이 자행하는 무차별적인 외국인 테러 역시 심각한 사회불안을 야기하고 있습니다. 또한 외국인 노동자들을 실업 및 범죄율 증가의 원인으로 지목하며, 그들이 자신의 안정적인 삶을 위협한다고 여기는 편파적인 인식 역시 다문화 사회의 미래를 어둡게 하고 있어요.

'동화주의'와 '다문화주의'의 갈림길에서

외국인 체류자가 전체 인구 대비 5% 가까이 되는 만큼, 이제 우리 사회도 다문화 사회에 접어들었다고 할 수 있어요. 다문화 사회에서는 '다양한 민족의 정체성을 어떻게 한 사회 안에 통합시켜 나가는가' 하는 것이 중요한 문제입니다.

이 점에서 1,000년 동안 유럽을 지배했던 로마제국의 사례는 흥미롭습니다. 정복 전쟁으로 영토가 확장되면서 로마는 다민족, 다문화 국가로 변모했는데요. 로마의 군인이자 정치가인 율리우스 카이사르Gaius Julius Caesar는 피정복지 출신의 사람들에게도 시민권을 내주고 '로마인'으로서의 권리를 부여하는 포용 정책을 펼쳤답니다. 그래서 다양한 출신의 사람들이 공직자, 원로원, 심지어 황제의 자리에까지 올라 로마를 더욱 융성하게 만드는 주역이 되기도 했습니다. 로마의 현제(賢帝)로 추앙받고 있는 트라야누스Marcus Ulpius Trajanus, 하드리아누스Publius Aelius Hadrianus 황제 역시 피정복지 출신이었어요.

로마의 다문화 정책은 철저히 로마 중심적이기도 했어요. 로마에 저항하는 민족은 강력하게 응징했고, 이민족들에게도 로마의 제도와 로마의 공용어인 라틴어를 사용하게 했죠. 이렇듯 이민족을 동등한 시민으로 인정하되, 그들로 하여금 고유의 정체성을 지키기보다 로마의 문화를 받아들이게 했던 로마의 다문화 정책은 '동화주의'라는 이름으로 지금까지 남아 있습니다. 현재 노르웨이, 러시아 등이 동화주의를 기반으로 한 다문화 정책을 펼치고 있어요. 이 국가들은 이민자들도 자기 국가의 언어를 배우고 자신들의 제도에 따라 사회 활동을 해야 한다는 것을 분명하게 밝히고 있습니다.

한편 '동화주의'가 지향하는 통합의 한계를 지적하며, 전혀 다른 관점에서 이주민 정책에 접근하는 국가도 있습니다. 이런 정책의 방향을 '다문화주의'라고 하는데, 인종이나 문화가 다른 이주민들의 정체성을 인정하고 문화적 다양성을 존중하자는 취지를 기본으로 합니다. 1971년 세계 최초로 다문화주의를 공식 정책으로 채택한 캐나다는 이주민 정책을 성공적으로 이끌고 있는 사례로 거론되곤 해요. 캐나다 정부는 소수집단의 언어와 문화를 보존하는 데 적극적으로 나서고 있답니다.

그렇다면 우리나라는 어떨까요? 우리나라는 동화주의의 획일적 통합이 가져오는 부작용에 대해 경계하는 분위기이지만, 실제로는 동화주의에 가까운 정책을 펼치고 있습니다. 특히 결혼 이주 여성, 중국 동포 등을 대상으로 한 교육 프로그램은 한국어와 우리의 세시 풍속을 가르치는 것이 주를 이루고 있는데요. 이는 이주민들이 한국의 전통문화를 받아들이게 하는 것이 목적이라는 점에서 동화주의 색채를 띠고 있습니다.

앞으로 우리 사회는 이민자들을 우리 사회로 동화시킬 것인지, 아니면 그들을 그 자체로 인정할 것인지에 대한 사회적 논의가 더 필요해 보입니다. 다양한 문화를 가진 구성원들이 평화롭게 공존할 수 있을 때 그 사회는 지속적으로 발전할 수 있을 테니까요.

공존의 밑그림을 그리다

2018년 11월에 일어난 '인천 중학생 사망 사건'을 기억하고 있을 겁니다. 러시아계 혼혈인 중학생이 같은 학교 친구들에게 집단 폭행을 당하는 과정에서, 아파트 화단으로 추락해 사망한 사건이죠. 피해 학생이 다문화 가정 자녀라는 이유로 집단 괴롭힘을 당했다고 단정적으로 말하기는 어렵지만, 그 개연성은 너무나 충분합니다. 아직 활짝 피어나지도 못한 한 생명이 안타깝게 숨을 거둔 이 사건은, 현재 얼마나 많은 다문화 가정 아이들이 차별과 따돌림을 당하고 있는지를 보여 준 대표적인 사례로 기억되고 있죠.

우리나라보다 먼저 다문화 사회를 경험 중인 프랑스, 영국 등 서유럽 국가들을 보더라도, 다문화 사회로 나아가는 일이 얼마나 힘든지 알 수 있습니다. 최근 증가하는 서유럽 국가들의 심각한 인종·민족 갈등을 보면 더욱 그렇죠. 그런데 '단일민족'이라는 의식이 강한 한국에서, 아무 준비 없이 다문화 사회가 진행된다면 다른 나라보다 더 심각한 갈등이 일어날 수 있습니다.

특히 우리나라는 지난 2001년 이후 합계 출산율이 1.3명을 넘지 못하고 있어요. 현재 인구 규모를 유지하기 위해 필요한 2.1명을 크게 밑도는 데다, 경제협력개발기구(OECD) 회원국 가운데 꼴찌 수준이죠. 이렇게 저출산이 지속될 경우, 지금과 같은 경제력을 유지하기 위해서는 더 많은 이주 노동자가 필요한 것이 현실입니다. 또한 세계화 시대를 맞아 국제적인 이주가 가속화되면서, 다문화 사회는 피할 수 없는 추세이고요.

그렇다면 우리는 다문화 사회를 어떻게 대비해야 할까요? 다문화 사회에서 가장 문제가 되는 것은 '교육'입니다. 현재 우리나라에는 학교에 다니지 않는 다문화 가정 아이들이 많다고 합니다. 다문화 학교가 초·중·고 모두 합쳐 전국에 5곳 정도에 불과한 데다, 일반 학교에 가서는 적응이 쉽지 않기 때문이죠. 이들을 학교로 불러들이기 위해서는 다문화 학교를 전국으로 확대하고, 이민자 가정 아이들을 대상으로 일반 학교 적응을 위한 사전교육 등을 실시할 필요가 있어요. 다문화 가정 2세는 물론 초기 이민자 가정 아이들까지 지원 가능한 체계적인 교육 시스템을 마련해야 하는 거죠.

그 밖에 취업이나 유학, 사업 등을 이유로 우리나라에 들어오는 외국인들이 늘고 있는 상황을 감안해, 새로운 이민 정책을 세워야 한다는 의견도 많습니다. 예를 들어 일본은 2000년대 초부터 우수한 외국 인재를 받아들이기 위해 다양한 이민 전략을 내놓고 있어요. 특정한 조건을 만족시킬 경우, 출입국 관리상 우대 조치를 한다든지, 배우자의 취업과 부모의 체류를 허락한다는 것 등을 들 수 있죠.

다문화 사회에서 중요한 것은 다양한 민족과 인종적 배경을 가진 이들을 차별하지 않고, 이들의 문화를 그 자체로 존중해야 한다는 점입니다. 역지사지(易地思之)란 말을 잘 알고 있을 거예요. 다른 문화와 소통하려면 언제나 역지사지의 태도로 상대방의 입장이 되어 생각하려는 노력이 필요합니다. 이는 미래를 살아갈 우리가 반드시 갖춰야 할 태도라고 할 수 있어요.

그래서일까 저물녘의, 어디인 쯤부터 걸 우리 걸었던 걸까?

4차 산업혁명, 새로운 세상이 열리다

사물인터넷,
립스틱 때문에
시작됐다고?

1990년대 말, 영국 출신의 기술 공학자인 '케빈 애시턴'은 화장품 회사 브랜드 매니저로 근무하고 있었어요. 이때 그는 인기 품목이었던 특정 색깔의 립스틱을 일부 매장에서 구하기 어렵다는 소비자 불만을 듣게 되죠. 다른 매장에는 분명 재고가 충분한데 말이에요. 이유는 간단했습니다. 인기 립스틱이 품절된 매장에서 다른 매장의 재고 정보를 알 수 없었기 때문이었어요. 케빈 애시턴은 이러한 소비자의 불만을 해소하기 위해 립스틱에 전자 태그(RFID)를 부착했습니다. 이어서 매장 선반에 안테나를 설치하고, 전파를 통해 이들을 컴퓨터와 연결시켰죠. 그 결과 색상 정보가 담긴 전자 태그로 립스틱과 컴퓨터가 서로 연결되면서 재고 관리가 용이해졌습니다. 이 시스템을 쉽게 설명하기 위해 케빈 애시턴이 만든 용어가 바로 '사물인터넷'입니다. 이후 사물인터넷은 시장 분석 자료 등에 사용되면서 대중화되었고, 케빈 애시턴은 미국 매사추세츠공과대학(MIT)의 오토아이디센터(Auto-ID Center) 소장을 거쳐, 현재 작가와 강연자로 활동하고 있다고 하네요.

4차 산업혁명의 시대, 과연 미래에는 어떤 직업이 살아남고 어떤 직업이 사라질까요? 한국 고용정보원의 조사에 따르면, 자동화 대체 확률이 높은 직업은 다음과 같습니다.

▲ 1위 콘크리트공, ▲ 2위 정육원 및 도축원, ▲ 3위 고무 및 플라스틱 제품 조립원, ▲ 4위 청원 경찰, ▲ 5위 조세 행정 사무원, ▲ 6위 물품 이동 장비 조작원, ▲ 7위 경리 사무원, ▲ 8위 환경미화원 및 재활용품 수거원, ▲ 9위 세탁 관련 기계 조작원, ▲ 10위 택배원. 자동화 대체 확률이 낮은 직업도 살펴볼까요? ▲ 1위 화가 및 조각가, ▲ 2위 사진작가 및 사진사, ▲ 3위 작가 및 관련 전문가, ▲ 4위 지휘자·작곡가 및 연주가, ▲ 5위 애니메이터 및 만화가, ▲ 6위 무용가 및 안무가, ▲ 7위 가수 및 성악가, ▲ 8위 메이크업 아티스트 및 분장사, ▲ 9위 공예원, ▲ 10위 음악·미술·연극 등 강사. 조사 결과를 보면 '단순 반복적이고 정교함이 떨어지는 동작을 하거나 사람들과 소통하는 일이 상대적으로 적은 직업'은 자동화 대체 확률이 높은 것으로 나타났어요. 반면에 아무리 인공지능이 발달해도 '창의력·감성을 필요로 하는 직업이나 중요한 의사결정을 해야 하는 직업'은 자동화되기 힘들 것으로 전망됩니다.

인공지능 시대, 사라질 직업과 살아남을 직업은?

세상의 모든 것들이 연결되고 서로 소통하는 시대가 다가왔습니다. 엄청난 양의 정보가 빠르게 처리되고 공유되면서 세상은 더욱 스마트해지고 있죠. 한쪽에서는 인간의 지능과 신체적 한계를 넘어선 로봇과 무인 자동차, 3D 프린터가 공상과학소설과도 같은 현실을 만들어 내고 있어요. 이 같은 첨단 기술은 인류가 지금껏 경험했던 것과는 전혀 다른 새로운 문명사회가 도래했음을 암시합니다.

　세계경제포럼(WEF) 회장인 클라우스 슈밥Klaus Schwab은 첨단 기술이 만들어 낸 혁명 같은 변화를 '4차 산업혁명'이라고 명명했어요. 4차 산업혁명은 한마디로 초연결·초스마트 기술 혁명이라고 할 수 있습니다. 인류는 지난 세 차례의 산업혁명을 뒤로하고, 지금 4차 산업혁명이라는 역사적 전환기에 서 있어요.

사물인터넷, 인터넷으로 연결된 135억 사물들의 세상

　인류가 농경사회를 거쳐 산업사회로 진입하게 된 것은 18세기 무렵 증기기관의 발명 덕분이었습니다. 열기관이 뿜어내는 수증기의 압력으로 기계들은 인간과 가축의 힘을 뛰어넘는 동력을 일으켰죠. 이로써 기계화와 산업화가 빠르게 이루어지며 1차 산업혁명이 진행됐습니다. 20세기 초에는 전기의 발명과 보급이 실현되면서 공산품이 대량생산되는 2차 산업혁명이 도래했어요. 이후 20세기 후반에는 컴퓨터, 인터넷 등의 정보 기술을 기반으로 한 3차 산업혁명이 꽃을 피웠죠.

21세기에 들어서자 인류는 엄청난 양의 데이터를 저장·활용할 수 있게 되는 한편, 다양한 종류의 모바일 기기로 활발하게 소통하기 시작했어요. 이로써 그 어느 때보다 혁신적인 4차 산업혁명의 시대를 맞이하게 됐죠. 사물인터넷, 인공지능, 3D 프린팅, 자율 주행, 가상현실, 로봇공학, 드론, 스마트 센서, 스마트 그리드* 등이 바로 4차 산업혁명을 수놓을 눈부신 기술들입니다.

이 가운데 중요한 기술 몇 가지만 자세히 알아보도록 하죠. 먼저 '사물인터넷(IoT, Interneet of Things)'의 발전 과정에 대해 살펴보겠습니다. 1969년 10월 29일, 미국 국방성은 캘리포니아대학의 컴퓨터와 640킬로미터 정도 떨어진 스탠포드대학의 컴퓨터를 연결해 데이터를 전송했습니다. 군사적인 목적에서 탄생한 인류 최초의 인터넷 '아르파넷(ARPANET)'이 이날 주고받은 첫 메시지는 '로그인(log-in)'으로, 이제는 일상어가 된 '접속 개시'라는 뜻의 단어였어요. 초기에는 단 두 대의 컴퓨터만 인터넷에 연결되었지만, 1990년대 말 개인용 컴퓨터와 노트북의 보급으로 10억 대의 컴퓨터가 인터넷에 연결되었죠. 그리고 2000년대 후반 스마트폰, 태블릿 PC 등 스마트 기기가 개발되면서 2019년 현

---

* 기존의 전력망에 IT를 접목시켜 에너지 효율을 최적화한 지능형 전력망.

재 135억 개의 기기들이 인터넷에 연결되어 있다고 합니다.

인터넷을 통한 기기의 연결이 비약적으로 늘어나고 하루가 다르게 관련 기술이 발전하면서 정보 통신 기술은 새로운 혁신을 맞이하게 되었어요. 바로 사물인터넷이라고 불리는 기술이 등장한 거죠. 사물인터넷이란 센서 및 통신 기능을 갖춘 작은 칩 형태의 초소형 컴퓨터들이 사물에 삽입되어, 인터넷을 통해 사물들끼리 서로 데이터를 주고받아 스스로 분석한 정보를 사용자에게 제공하는 기술을 의미해요. 예를 들어 자동차 전용 도로에 센서를 설치해 이동하는 차량의 수를 측정한 뒤, 인터넷을 통해 그 데이터를 신호등에 보내면 신호등의 마이크로컨트롤러(microcontoller)*가 스스로 교통신호를 바꾸면서 교통 체증에 효과적으로 대처하게 하는 것처럼 말이죠.

사물인터넷은 기기들만의 연결은 아닙니다. 돌고래, 오랑우탄 등 멸종 위기 동물에게 센서를 부착해 동물들의 서식지와 번식 정보를 실시간으로 과학자들에게 전달할 수도 있어요. 수집된 정보는 인터넷 사이트 등을 통해 실시간으로 전 세계에 전해져 인류가 보존해야 할 생물에 대한 관심을 높이고, 실제로 그들의 생명을 구하는 데 사용될 수도 있고요. 사물인터넷이 발전하면 지구상에 존재하는 모든 것에 디지털 장치를 심어 서로 정보를 주고받는 '초연결 상태'를 만들 수 있습니다. 이를 '만물인터넷(IoE, Internet of Everything)'이라고 부른답니다.

---

* 마이크로프로세서와 입출력 모듈을 하나의 칩으로 만들어 정해진 기능을 수행하도록 만든 컴퓨터.

인공지능, 세상을 바꾸다

최근 들어 사물인터넷과 같은 정보 통신 기술은 '인공지능(AI, Artificial Intelligent)'과 만나 공상과학소설에서나 일어날 법한 일들을 현실로 만들고 있어요. 인공지능 기술은 우리가 흔히 사용하는 사물에 접목되어 삶의 질을 높이고 있죠. 여기서 인공지능이란 '인간의 지능이 가지는 학습, 추리, 적응, 논증 따위의 기능을 갖춘 컴퓨터 시스템'을 말해요. 이미 많은 기업들이 인공지능 기술이 탑재된 제품을 출시하고 있죠. 예를 들어 2017년 1월에 KT는 인공지능 TV 셋톱박스인 '기가 지니'를 출시했습니다. 이용자가 원하는 채널이나 프로그램을 말하면 그것이 TV 화면에 나올 수 있게 한 것입니다. 리모컨이 더 이상 필요 없게 되었죠. 또한 SKT는 인공지능 서비스를 활용한 스마트 스피커 '누구(NUGU)'를 판매하고 있습니다. 이 기기에 대고 대화하듯 이야기하면 원하는 서비스가 실행된답니다. '신나는 음악을 틀어 달라'고 하면 그에 맞는 음악을 재생하는 방식이죠.

인공지능 하면 뭐니 뭐니 해도 '알파고(AlphaGo)'를 빼놓을 수 없겠죠. 인간과의 세기적인 바둑 대결에서 승리해 큰 관심을 받았던 알파고는 인공지능 기술의 비약적인 발전을 세상에 널리 알렸습니다. 최근 인공지능은 입력된 정보에 따라 특정 임무를 수행하는 수준을 넘어, 스스로 학습하고 지능을 높이는 '딥 러닝(Deep learning)' 기술로 인혜 인간의 지능을 능가하는 수준이 되었어요.

미국의 컴퓨터 기업 IBM은 7년을 투자해 체스 프로그램을 탑재한 인공지능 '딥블루(DeepBlue)'를 개발했어요. 딥블루는 1996년 체스 세계 챔피언인 게리 카스파로프 Garry Kasparov에게 도전장을 내밀었죠. 그 당시 인류 최초로 펼쳐진 인간과 인공지능의 세기적 대결의 승자는 인간이었습니다. 하지만 이듬해 더욱 업그레이드된 딥블루 RS/600SP가 마침내 2승 1패 3무로 카스파로프에게 승리했고, 또 다른 인공지능 '왓슨(Watson)'은 미국의 TV 퀴즈 쇼 〈제퍼디 쇼〉에 출현해 인간들과 지식 대결을 펼친 끝에 우승을 거두었습니다. 한편 2016년 이세돌 9단과 바둑 대결을 벌여 4승 1패로 승리했던 알파고는 2017년 알파고 II로 업그레이드되었고, 그 후 세계 바둑 1위인 중국의 커제 9단에게 3전 전승을 거두며 17억 원의 상금을 받았어요. 이처럼 인간의 지능을 넘어선 인공지능의 진화는 계속될 전망입니다.

3D 프린터, 사물을 인쇄하다

인공지능만큼이나 사람들에게 놀라움을 안겨 주는 제품이 바로 '3D 프린터'입니다. 2013년 5월, 영국 BBC 방송에서 전한 총기 시험 발사 소식에 전 세계가 깜짝 놀랐어요. 그 총기가 바로 3D 프린터를 이용해 제작된 것이었기 때문이죠. 3D 프린터란 미리 입력한 설계도에 따라 3차원 입체 물품을 찍어 내는 프린터를 말해요. 시험 발사에 성공한 총은 코디 윌슨 Cody Wilson이 1년간의 연구 끝에 만든 것이었다고 해요.

3D 프린터는 '3D 모델링' 작업 등을 거쳐 탄생한 3차원 입체 도면을 매우 얇은 층(두께 약 0.01~0.08mm)으로 잘라 분석합니다. 그다음

이 얇은 막 같은 재료를 한 층씩 쌓아 대상의 바닥부터 꼭대기까지 형태를 완성하죠. 재료는 주로 가루·액체·실 등인데, 이를테면 나일론 가루를 넣어 초경량 자전거를 만들거나, 초콜릿 액체를 넣어 인체의 상반신 모형을 만들 수 있어요. 3D 프린터는 피규어, 옷, 무인 항공기에 이어 인공 뼈까지도 제작한다고 합니다. 나아가 유럽우주기구(ESA)는 3D 프린터를 달로 가져가, 그곳의 흙으로 벽돌을 만들고 그 벽돌로 달 기지를 만드는 프로젝트를 진행하고 있어요.

그런가 하면 '3D 바이오 프린팅'도 널리 활용되고 있습니다. 이것은 기본적으로 3D 프린팅 원리를 따르지만 생체 세포를 재료로 해서 인공 뼈와 피부·장기 등을 만들어 낸다는 것이 큰 차이점이에요. 살아 있는 줄기세포와 배양액을 섞은 바이오 잉크를 3D 프린터에 넣으면, 3차원 공간에서 세포 구조물이 만들어져요. 이렇게 해서 이미 코와 귀, 뼈, 관절, 피부, 장기 등 인공 인체 시제품이 제작되고 있답니다. 최근에는 전쟁으로 팔다리를 잃은 아프리카 수단의 아이들에게 인공 팔을 기증하는 '다니엘 프로젝트'가 진행되고 있어요. 3D 바이오 프린팅 인공 팔 하나를 제작하는 데 드는 비용은 우리 돈 약 12만 원에 불과하죠.

하지만 모든 기술은 빛과 그림자를 간직하고 있는 법이에요. 3D 프린터 또한 여기서 예외는 아닙니다. 가장 큰 문제로 지적되는 것이 저작권 분쟁이에요. 3D 프린터가 널리 보급되면 저작권 분쟁 또한 끊이지 않을 전망이죠. 수많은 개인 제작물이 동시에 만들어져, 관련 특허나 소유권 분쟁이 크게 늘어날 것으로 예상돼요.

그뿐 아니라 무기 제조의 가능성도 배제할 수 없어요. 2013년 3D

프린터로 총기를 만들었던 코디 윌슨은 2018년에는 그 설계도를 인터넷에 공개하겠다고 선언해 또 한 번 전 세계를 혼란에 빠뜨렸습니다. 다행히 미국 연방법원이 이를 금지하면서 실현되지는 않았지만, 그렇다고 안심할 수는 없겠죠. 철저한 법 집행은 물론, 지속적인 캠페인과 교육을 통해 3D 프린터의 올바른 사용법을 익혀 가는 것이 중요하지 않을까 합니다.

자율 주행, 이동의 자유를 선사하다

4차 산업혁명을 이야기하면서 '자율 주행'을 빼놓아서는 안 되겠죠. 그동안 사람들은 기계를 이용할 때 대부분 직접 조작하거나 일정하고 반복적인 순서를 입력시켜 움직이게 했어요. 그런데 4차 산업혁명의 핵심 기술인 인공지능이 발달하면서, 기계가 학습을 통해 스스로 상황을 판단해 움직일 수 있게 되었습니다. 사람이 정해 놓은 절차대로 움직이는 것을 '자동화'라고 불렀다면, 인공지능을 통해 스스로 움직이는 것은 '자율화'라고 불러요. 그리고 이 자율화 기능을 갖춘 기계를 스마트 머신(smart machine)이라 하죠. 4차산업 시대의 대표적인 스마트 머신이 바로 '바퀴 달린 컴퓨터'라 불리는 자율 주행 자동차입니다.

자율 주행 자동차는 운전자 없이 자동차 스스로 핸들과 기어 등을 조작해 움직입니다. 영상 장치를 통해 도로 상황과 자신의 위치를 파악하고, 차 앞에 달린 여러 센서를 이용해 보행자나 다른 차들의 움직임을 감지하는 방법으로 목적지까지 안전하게 주행하게 되죠. 주행 상황에서 발생하는 모든 정보들을 수집해 인공지능을 통해 바로바로 처리하고 상황에 맞게 조작하는 것이 자율 주행 자동차의 핵심 기술이랍니다.

인간의 경우 위급한 상황에 아무리 빠르게 대응하여 차를 정지시킨다 해도 1초 이상의 시간이 걸린다고 합니다. 하지만 컴퓨터의 경우 몇천 분의 1초면 자동 비상 시스템을 이용해 차를 멈출 수 있습니다. 그뿐 아니라 짙은 안개가 낀 날이나 깜깜한 밤에도 자율 주행 자동차는 여러 센서를 이용해 장애물 등으로 인한 충돌 상황을 미리 대비할 수 있어요. 교통사고의 대부분이 운전자의 부주의나 늦은 대처로 일어나기 때문에, 그로 인한 인명 피해와 사회적 비용을 크게 줄일 수 있죠. 그 밖에 교통 혼잡이나 주차 문제도 획기적으로 개선할 수 있습니다. 자율 주행 자동차가 보편화되면 자동차는 공동의 소유가 될 가능성이 높기 때문이죠. 내 차를 주차장에 세워 놓는 대신, 스마트폰으로 간단하게 가장 가까이 있는 차를 불러 타면 되거든요.

하지만 자율 주행 자동차는 장점 못지않게 여러 가지 우려되는 면이 있는 것도 사실이에요. 해킹 또는 사이버 공격에 노출될 경우, 상상하기 힘들 정도로 큰 타격을 입게 돼요. 자율 주행 자동차는 '바퀴 달린 컴퓨터'라 불리는 것에서 알 수 있듯이, 컴퓨터를 기반으로 하고 있습니다. 따라서 기존 컴퓨터나 스마트폰이 사이버 공격을 받듯이, 자율 주행 자동차 역시 사이버 공격을 받을 가능성이 높죠. 게다가 교통사고가 일어날 경우, 그 책임 소재를 가리기가 어렵습니다. 따라서 차에 타고 있는 사람의 잘못으로 보아야 할지, 차를 제조한 제조사가 책임져야 할지와 관련해 세계 각국에서 논의가 진행 중이죠. 무엇보다 가장 큰 문제는 차량의 개인 소유 개념이 무너지면서, 자동차와 관련된 일을 하던 많은 사람들이 일자리를 잃게 될 거라는 점입니다. 먼저 택시 운전사, 택배 기사가 사라질 것이고, 정비, 수리, 보험, 주유 등의 일자리도 거의 없어질 전망이죠.

그럼에도 불구하고 자율 주행 자동차의 세상은 우리 앞에 성큼 다가와 있어요. 따라서 우리 삶을 획기적으로 바꿀 자율 주행 자동차에 대한 관심은 점점 높아지고 있죠. 지난 2013년, 벤츠로 유명한 독일 메르세데스의 연구용 차량은 100킬로미터의 거리를 자율 주행해 세상을 깜짝 놀라게 했습니다. 2015년 5월에는 같은 회사에서 만든 트럭이 공공도로를 운행할 수 있는 세계 최초의 자율 주행 자동차가 되었죠. 한편 같은 해 11월에는 우리나라에서도 실제 도로에서 자율 운행 자동차의 시험 운전이 성공했습니다. 운전자 없이 한 명의 승객을 싣고 약 3킬로미터의 거리를 5분 정도 완벽하게 주행했는데, 이는 대한민국 자동차 역사에 새로운 기록이 탄생한 순간이었습니다.

현재 전 세계적으로 가장 주목받고 있는 자율 주행 자동차는 구글에서 개발하고 있는 자동차입니다. IT 업계의 신화적인 기업인 구글은 2009년부터 인류 역사상 가장 혁신적인 자동차를 만들기 위한 프로젝트를 진행 중이에요. 기존의 자율 주행 자동차들이 운전석에서 사람이 동시에 운전할 수 있는 형태였다면, 구글의 자동차는 운전대뿐 아니라 심지어 가속페달이나 브레이크페달도 없는, 그저 사람은 타기만 하면 스스로 움직이는 자동차입니다. 구글은 갖가지 도로 상황에서도 100%

무사고 주행차를 만들기 위한 시험 운행을 계속 진행하고 있답니다.

첨단 센서 장비들과 인공지능 시스템은 자율 주행 자동차를 통해 우리의 미래를 바꾸어 갑니다. 자동차로 인한 교통사고가 단 한 건도 일어나지 않는 세상, 신체적으로 불편한 사람들, 시각장애인이나 고령자 등 누구라도 가고 싶은 곳을 자동차로 마음대로 갈 수 있는 멋진 세상이 점점 다가오고 있습니다.

4차 산업혁명 시대의 명암

지금까지 4차 산업혁명을 이끌 중요한 기술들을 살펴봤습니다. 현재 이런 기술들을 이용한 고부가가치 산업들에 대한 기대가 점차 커지고 있어요. 인공지능 교육과 모바일 앱 개발 산업, 인공지능을 이용한 암 진단 및 면역 치료 산업, 태양광 및 풍력발전 산업, 대용량 에너지 저장 기술 산업, 전자화폐 산업 등이 각광받을 것으로 전망되죠.

그러나 4차 산업혁명에 대한 기대감과 함께 불안감 또한 커지고 있습니다. 먼저 인간의 대량 실업 사태를 예측해 볼 수 있습니다. 신기술로 인한 산업의 급격한 변화는 이에 미처 적응·대비하지 못한 노동자들의 대량 실업 사태로 벌어질 수 있어요. 세계경제포럼은 4차 산업혁명으로 향후 5년간 약 710만 개의 일자리가 사라질 것으로 예측했어요. 혹자는 인공지능과 로봇이 만일 지금과 같은 속도로 발전한다면 10년 안에 전체 직업의 3분의 1이 사라질 것이라고 예상하기도 합니다. 이러한 문제를 해결하기 위해 빌 게이츠Bill Gates는 '로봇세'를 도입해, 그 돈을 실업자 구제, 신규 일자리 창출 등에 활용해야 한다고 제안했습니다.

한편 어마어마한 능력을 가진 인공지능이 대량 살상 무기 개발에 악용되거나 인류 문명을 위협하는 큰 재앙을 가져올지도 모른다는 우려도 존재합니다. 스티븐 호킹 Stephen W. Hawking 을 비롯한 여러 전문가들이 이러한 인공지능의 위험성을 예측하기도 했거든요. 이제 인간보다 수백 배 높은 지능을 가진 인공지능이 만들어질 날도 멀지 않아 보입니다. 어마어마한 능력과 잠재력을 가진 인공지능을 사이버 공격이나 해킹의 위험으로부터 지키고, 이것이 악용되지 않도록 힘쓰는 일은 앞으로 인류에게 중요한 과제가 될 것입니다.

끝으로 사생활 침해, 자신과 관련 있는 데이터에 대한 통제권 상실도 심각한 문제가 될 수 있어요. 디지털과 가상 세계가 더욱 깊이 뿌리내리고 있는 현실에서, 인간적인 감정이 배제된 차가운 기술들 간의 융합이, 공감이나 유대처럼 인간이 가진 중요한 능력들을 점점 약화시키고 있다는 지적도 있습니다. 어쩌면 우리는 하루 종일 스마트 기기들과 연결되어 있으면서 휴식과 성찰, 대화 등 건강한 삶을 위해 필요한 소중한 시간과 기회를 빼앗기고 있는 것은 아닐까요?

4차 산업혁명을 무조건 긍정적으로 혹은 부정적으로 바라볼 수는 없습니다. 분명한 것은 4차 산업혁명이라는 새로운 변화가 인류에게 크고도 빠르게 영향력을 행사하고 있다는 점입니다. 우리는 이 기회를 현명하게 이용해 인간의 문명을 더욱 성장시키는 발판으로 만들어야 할 것입니다. 그것이 4차 산업혁명이 인류에게 거대한 도전이자 기회인 이유입니다.

가상 화폐,
투자와 투기의
갈림길에 서다

역사상 최초의
자본주의 투기
사건은?

17세기 네덜란드는 '세계 최초'라는 수식어가 들어가는 많은 것들을 만들어 내면서 금융과 무역 분야에서 눈부신 활약을 보였어요. 대표적인 것이 '세계 최초의 부르주아 자본주의국가'로, 주식회사(동인도회사)와 주식거래소, 현대적 은행(암스테르담은행) 등이 세계 최초로 네덜란드에서 문을 열었죠. 재미있는 것은 역사상 최초의 자본주의적 투기 사건도 네덜란드에서 발생했다는 점입니다. 당시 네덜란드에서는 튤립이 사치품으로 투기 대상이 되면서 가격이 1개월 만에 수십 배나 뛰는 일이 일어났어요. 심지어 '황제 튤립'이라 불리던 튤립은 5,000배 가까이 오르기도 했죠. 황제 튤립 한 뿌리면 암스테르담의 대저택을 살 수 있을 정도였다고 해요. 하지만 1637년 2월 한 매도자가 대량의 튤립을 내다 팔면서 문제가 생겼습니다. 튤립값이 끝없이 폭락하면서 파산자가 속출했던 거죠. 이에 네덜란드 정부가 개입해 거래액의 5~10%만 지불하는 것으로 사건은 수습됐지만, 그 뒤 튤립 가격은 최고치 대비 수천 분의 1 수준으로 폭락했다고 해요.

2009년 가상 화폐 비트코인이 세상에 첫선을 보인 뒤, 실제로 비트코인을 이용해 물건 구매가 이루어진 것은 2010년의 일이었습니다. 플로리다주에 사는 컴퓨터 프로그래머 '라스즐로 핸예츠'가 그 주인공이었죠. 5월 18일, 그는 인터넷 커뮤니티 '비트코인 포럼'에 '비트코인으로 피자를?'이라는 제목으로 글을 하나 올렸어요. '파파존스 라지 사이즈 피자 두 판에 1만 비트코인을 줄 테니 관심 있는 사람은 연락 달라'는 게 그 내용이었죠. 그리고 나흘 뒤인 5월 22일, 게시판에는 '거래에 성공했다'는 글이 올라왔습니다. 당시 1비트코인은 약 0.004달러로, 핸예츠는 피자 두 판에 약 40달러(약 4만 8,000원)를 지불했던 거죠. 그렇다면 그가 사 먹은 피자를 현재 가치로 계산하면 얼마일까요? 2019년 5월 28일 기준 1비트코인은 약 1,000만 원으로, 피자 가격은 무려 1,000억 원이 넘습니다. 핸예츠의 피자 구매로 비트코인의 교환가치가 입증되자, 비트코인 가격은 급등하기 시작했어요. 그 뒤 비트코인 투자자들은 비트코인의 첫 실물 교환 거래를 기념하기 위해 매년 5월 22일을 '비트코인 피자데이'라고 부르며 기념하고 있답니다.

2010년
1만 비트코인으로
사 먹은 피자,
지금은 얼마일까?

"20·30대 젊은 층을 중심으로 한 가상 화폐 투자 열기가 이상 과열로 치닫고 있다. 직장과 학교에서 종일 컴퓨터 화면 속 호가 창만 들여다보는 '코인 좀비'가 속출하고 있다."

지난 2017년 11월 30일자 신문의 일부입니다. 지금은 '비트코인 (bitcoin)' 가격이 폭락하면서 그 관심이 많이 사그라들었지만, 한때 가상 화폐에 대한 우리 사회의 관심은 매우 뜨거웠어요. 비트코인에 투자해 엄청난 부자가 되었다는 이들이 속속 나타나면서 사람들의 투기심을 자극했던 거죠. 하지만 1년도 지나지 않아 비트코인 가격은 크게 폭락했고, 큰돈을 잃고 목숨을 버리는 사람들까지 생겨났어요. 이 때문에 가상 화폐는 지금까지 발명된 가장 진보한 화폐라는 찬사와, 인류의 재앙이라는 비난을 동시에 받고 있습니다.

가상 화폐란 무엇일까?

화폐가 없던 시절에는 조개껍데기나 곡물, 옷감, 농사 도구가 주로 물물교환의 매개로 쓰였습니다. 그러다가 장기 보관이 가능하고 희소가치가 입증된 금은 등 귀금속이 그 역할을 대신하게 됐죠. 이후 금화나 은화 등 금속화폐가 제작되었고, 금속화폐가 통용되면서 물물교환을 할 때보다 물건의 가치를 세분화해 매기는 일이 훨씬 수월해졌습니다. 그러나 화폐의 재료가 귀금속인 만큼 그 귀퉁이를 조금씩 깎아 빼돌리는 사람들도 많았다고 해요. 게다가 귀금속은 매장량이 제한되어 있어 급증하는 화폐 수요를 감당하기 힘들었죠.

이에 현대의 종이화폐가 탄생했습니다. 지폐는 금화처럼 그 자체로서 가치를 갖진 않지만, 정부가 액면가치를 보증해 줘 교환 매개, 가치 척도 등 화폐 구실을 충실히 할 수 있었어요. 이후 신용경제가 발달하면서 지불을 약속하는 채무 증서인 어음, 수표 따위의 신용화폐가 등장했습니다. 최근에는 아예 실물 없이 온라인상에서만 사용되는 가상 화폐까지 생겨났죠.

가상 화폐는 세계 공통으로 쓰이는 디지털 화폐입니다. 기존 지폐와의 가장 큰 차이점은 실물이 없고, 은행이 아닌 P2P(peer to peer)* 시스템을 이용해 365일, 24시간 자유롭게 거래할 수 있다는 점입니다. 거래 시 은행 수수료를 지불할 필요가 없으며 글로벌 화폐이다 보니 환율의 영향도 받지 않습니다. 가상 화폐는 기존 지폐와 달리 은행이나 정부의 통제를 받지 않으며, 편리하고 신속하게 거래할 수 있다는 점을 무기로 현재 수천 종류가 개발·유통되고 있어요.

그동안 각국의 중앙은행은 지폐의 가치와 신뢰를 담보하기 위해 발행량과 통화량을 독점적으로 관리해 왔어요. 그러나 이 과정에서 통

---

* 컴퓨터와 컴퓨터를 직접 연결해 서버 없이도 인터넷 등을 통해 파일을 공유하는 기술.

화정책이 남발되고 있다는 비판도 제기되었죠. 대표적인 사례가 경기 부양을 하기 위해 화폐 발행을 늘려 자국의 통화 가치를 하락시키는 것입니다. 그러면 수출이 늘어나는 효과를 기대할 수 있거든요. 가상 화폐는 이 같은 중앙집권적 통화정책에 대한 회의감에서 생겨났어요.

블록체인, 가상 화폐를 탄생시키다

아무리 가상 화폐라지만 분명 화폐인데, 어떻게 가상 화폐는 은행이라는 금융기관을 거치지 않고 거래될 수 있는 걸까요? 가상 화폐는 일명 '암호 화폐'라고도 불리는데, '블록체인(blockchain)'이라는 기술이 신뢰를 구축합니다.

가상 화폐를 사고팔게 되면 관련 기록이 일일이 블록(block) 단위로 저장됩니다. 그런 다음 이 기록은 가상 화폐 전체 사용자에게 자동으로 공유되죠. 이렇게 '공인된 블록들의 연결 모음'이 바로 블록체인으로, 거래 기록을 수많은 사용자에게 인증시킨 덕분에 누락 및 조작 가능성이 차단됩니다. 그래서 블록체인을 흔히 '공동 거래 장부'라고도 불러요.

우리가 은행을 이용해 돈을 거래하면 모든 거래 내역은 '중앙 서버' 한곳에 집중 저장되는 한편 철통 보안이 유지됩니다. 이와 달리 블록체인은 거래 정보를 모든 사용자들이 네트워크를 통해 공유함으로써 조작 가능성을 차단하고 있죠. 이 점에서 블록체인의 보안은 역발상적 기술이라 할 수 있어요.

가상 화폐가 중요한 이유는 화폐 그 자체보다도 이러한 블록체인 기술에 있어요. 가상 화폐에 대해서는 찬반 논란이 계속되고 있지만, 가상 화폐를 탄생시킨 블록체인에 대해서는 이견이 없는 상태죠. 앞서 살펴봤듯이 블록체인은 정보를 특정 기관의 중앙 서버가 아닌 P2P 네트워크에 분산시켜 참가자 모두가 공동으로 기록하고 관리하는 기술로, 보안성과 투명성이 매우 높습니다. 실제로 대형 은행이나 공공 기관에서의 가장 큰 위협은 외부에서 해커가 침입하는 것이 아니라 내부자가 기록을 조작하는 것이라고 해요. 그런데 블록체인 기술로 만들어진 데이터는 그 누구도 조작할 수 없어 안전하죠.

블록체인은 기존 시스템보다 신뢰도가 높아 금융이나 공공의 영역에서 활발하게 활용되고 있습니다. 예를 들어, 스웨덴은 부동산 등록 시스템에 블록체인을 도입했고, 일본은 농지와 산림을 포함한 토지를 관리하는 데 블록체인을 이용할 계획이라고 해요. 우리나라의 일부 지역에서도 공동체 지원 사업을 심사하고 결정하는 데 블록체인 기술을 적용한 주민 투표 시스템을 이용한 바 있죠. 이처럼 앞으로 블록체인 활용 사례는 더욱 늘어날 전망입니다.

무엇보다 블록체인의 가장 큰 장점은 거래 시 불필요한 중개 과정을 줄일 수 있다는 것입니다. 직접 거래 방식으로 수수료 없이 간편하게 금융 업무를 볼 수 있죠. 이뿐만 아니라 가난한 사람들을 돕기 위해 기부금을 낼 때도 자신이 기부한 돈이 최종적으로 어느 곳에 전달되는지 블록체인 기술로 명확하게 파악할 수 있습니다.

가상 화폐, 어떤 것들이 있을까?

전 세계 가상 화폐 정보를 제공하는 사이트 '코인마켓캡'에 따르면, 2019년 7월 기준으로 현재 존재하는 가상 화폐는 2,030개나 됩니다. 이 가운데 대표적인 가상 화폐를 살펴보도록 해요.

가상 화폐의 탄생을 맨 처음 알린 건 '비트코인'이에요. 이는 디지털 단위인 '비트(bit)'와 '동전(coin)'을 합친 용어로, 단위는 BTC(비트코인)입니다. 비트코인은 지난 2009년에 자칭 '사토시 나카모토'라는 신원 불명의 컴퓨터 공학자에 의해 최초로 개발됐어요. 당시 그는 블록을 봉인할 암호를 찾아낼 때마다 이에 대한 보상으로 비트코인이 지급되도록 가상 화폐 프로그램을 만들었죠. 여기서 암호는 블록에 저장된 거래 정보의 조작을 불가능하게 만들어 주는 무작위 숫자인데, 이를 찾기 위해서는 컴퓨터에 임의의 수를 수없이 바꿔 가며 대입해야 해요. 비트코인은 무한히 생겨나는 것이 아니라 최대 2,100만 BTC까지 획득할 수 있도록 설계되었습니다. 이에 따라 비트코인이 생산될수록 남은 비트코인의 희소가치는 높아지고, 암호를 푸는 것도 어려워지게 되죠.

암호를 푸는 작업은 광산업에 빗대어 '마이닝(mining)', 즉 '채굴'이라고 불러요. 초기에는 일반 컴퓨터로도 가능하던 채굴이 현재는 슈퍼컴퓨터의 도움 없이는 불가능한 지경에 이르렀죠. 따라서 일반인들은 거래소를 통해 전문 채굴자들이 생산한 비트코인을 구매하고 있습니다. 이처럼 암호 문제를 풀어 비트코인을 채굴하는 것은, 비트코인 거래 시스템을 구축하는 데 핵심적으로 기여합니다. 암호 풀이에 성공할 때마다 블록체인을 연결할 새로운 블록이 생겨나거든요. 그러니까 비트코인은 블록 생성에 따른 보상인 셈입니다.

다른 암호 화폐들도 원리는 비트코인과 유사해요. 현재 블록체인 기술을 기반으로 한 가상 화폐는 1세대인 '비트코인', 그리고 비트코인의 복잡성을 줄인 '라이트코인(Litecoin)'에서 2세대인 '이더리움(Ethereum)'과 '큐텀(Qtum)' 등으로 진화해 가고 있습니다. 이더리움은 기존 비트코인의 금융거래 블록체인 시스템에서 기능이 추가된 확장형 블록체인을 기반으로 해, 다양한 비즈니스 분야에서 활용될 수 있습니다. 비트코인과 달리 보험을 비롯한 신탁, 채권, 은행 업무 등에 활용될 가능성이 무궁무진하죠. 국제연합은 이더리움을 이용해 난민들에게 식량 쿠폰을 제공하기도 했습니다. 한편 큐텀은 중국판 이더리움으로 불리는 가상 화폐입니다. 비트코인과 이더리움의 장점을 모두 살린 차세대 가상 화폐로 큰 주목을 받고 있죠.

그 밖에 2016년에 아이슬란드에서 만들어진 '오로라코인(Auroracoin)'이라는 가상 화폐도 있습니다. 현재 아이슬란드는 부패한 정부·금융 관료 때문에 물가 폭등과 심각한 경제 불황을 겪고 있습니다. 이에 국민들이 아이슬란드 돈을 내던지고 외화 같은 안전한 자산을 사들이려고 하자, 아이슬란드 정부는 이를 금지하는 법을 제정했죠. 국부(國富)가 나라 밖으로 빠져나가는 것을 막으려는 조치였어요. 그러자 대다수 국민이 정부의 외환 규제가 국민의 복리를 저해한다며 비난했습니다. 이 같은 정부의 결정에 분노한 아이슬란드의 한 기업가가 만든 가상 화폐가 바로 오로라코인입니다. 정부·은행의 간섭과 통제 없이 새로운 경제 생태계를 일궈 나갈 수 있도록, 그는 국민에게 가상 화폐를 조금씩 나눠 주었어요. 무능한 정부 대신 국민이 직접 돈을 만들어 국가의 경제문제를 해결하고자 했다는 점에서 오로라코인의 사례는 큰 의의를 지닙니다.

화폐의 미래인가, 미래의 재앙인가

비트코인에 대한 과열된 투기 현상으로, 한때 우리 사회에서는 직장인도 학생도 너나없이 비트코인 투자에 뛰어드는 상황이 벌어졌어요. 2017년 초 100만 원이 채 안 됐던 비트코인 가격이 2018년 초 3,000만 원 가까이 올랐기 때문이죠. 하지만 문제는 비트코인이 폭락하면서 발생합니다. 2018년 말 가격이 400만 원까지 내려가면서 뒤늦게 비트코인 투자에 나섰던 사람들이 큰 손실을 보게 된 거예요.

비트코인의 엄청난 폭락을 지켜본 우리로서는 가상 화폐를 부정적으로 생각할 수밖에 없어요. 그러나 여전히 가상 화폐의 혁신성과 가치를 높이 평가하는 시각도 존재합니다. 지금부터 가상 화폐를 찬성하는 의견과 반대하는 의견을 함께 살펴보도록 하겠습니다.

찬성하는 쪽에서는 먼저 비트코인과 같은 가상 화폐의 큰 매력 중 하나로 '금융거래를 할 때 은행과 같은 중개자가 필요 없다'는 점을 꼽습니다. 거래하는 개인들이 P2P를 통해 가상 화폐를 직접 주고받기 때문에 수수료가 발생하지 않는다는 거죠. 그간 소액 결제나 은행 계좌 이체 시 발생하는 수수료로 인해 소비자들이 부담을 느끼는 경우가 많았는데, 가상 화폐를 사용하면 같은 서비스를 아무 부담 없이 이용할 수 있어요. 이뿐만 아니라 해외로 돈을 보내거나 환전할 때도 수수료가 붙지 않죠.

'국가기관의 통제나 간섭 없이 개개인이 자유롭고 민주적인 거래를 할 수 있다'는 것도 큰 장점입니다. 정부와 은행의 잘못된 정책과 운용으로 발생했던 전 세계적인 금융 위기와 경제 불황을 떠올려 볼 때, 가상 화폐는 한계를 지닌 기존 화폐 시스템의 대안이 될 수 있다는 거죠.

끝으로 '어떤 화폐보다도 안전하다'는 점을 들 수 있습니다. 특히 가상 화폐와 관련된 해킹 사건이 끊이지 않으면서 가상 화폐의 안전성을 우려하는 사람이 많은데, 이는 본질적으로 가상 화폐의 시스템이나 특성과는 관련이 없다고 말합니다. 모두 가상 화폐의 신용을 담보해 주는 블록체인에 대한 해킹이 아니라, 가상 화폐가 거래되고 있는 거래소를 겨냥한 사건이기 때문이죠. 지금은 관련 기술이 계속 발전해 가면서, 그동안의 문제점들을 보완한 새로운 가상 화폐도 계속 생겨나고 있습니다.

이제 반대하는 쪽의 주장을 살펴보겠습니다. 그들은 가상 화폐를 사용하면 수수료가 들지 않는다는 찬성 측의 의견에 반박하며, '거래소를 통해 가상 화폐를 구매할 경우 높은 수수료를 내야 한다'는 점을 문제로 꼽습니다. 은행 수수료 아끼려다 자칫 잘못하면 그보다 더 많은 돈을 쓰게 된다는 거죠. 게다가 가상 화폐는 아직까지 실생활에서 결제 용도로는 거의 사용되지 않고, 투기 자산으로 변질됐어요. 2018년 말에는 엄청난 폭락으로 많은 사람에게 손실을 안기기도 했죠. 이런 상황에서 가상 화폐를 일상생활에서도 사용하게 되면 오히려 더 큰 투기를 불러올 수 있다는 겁니다.

더 큰 문제는 '가상 화폐는 안전성이 취약하다'는 것입니다. 그중한 가지 원인으로 익명성을 들 수 있어요. 가상 화폐가 완전한 익명으로 거래될 수 있다는 점을 악용해, 마약, 무기 등의 불법 거래나 돈세탁, 탈세 등이 발생할 여지가 높다는 거죠. 또 개인들이 거래소를 거치지 않고 가상 화폐를 직거래할 때도 익명성을 담보로 한 사기 같은 범죄가 발생할 가능성이 높습니다. 이로 인해 구매자가 피해를 입어도 책임의 출처를 밝힐 수 없어 구제받기 어렵고요. 한편 해킹과 같은 보안 문제도 우려됩니다. 거래소를 겨냥한 해킹이 반복해서 일어나고 있으며, 이로 인해 거액의 가상 화폐가 인출된 사례도 있었죠.

마지막으로 보안 문제가 해결된다 해도 '가상 화폐는 화폐로서 가치 변동이 너무 크다'는 치명적 결함을 갖고 있다고 말합니다. 정상적인 경제활동을 통해서가 아니라 사람들의 심리에 의해 화폐의 가치가 좌우되는 현상을 우리는 이미 목격했어요. 물론 혁신적인 기술이 사용되고 있지만, 가상 화폐는 아직 진정한 화폐라 할 수 없습니다. 여러 한계를 지닌, 규제와 통제가 반드시 필요한 물건일 뿐인 거죠.

투자와 투기 사이, 가상 화폐의 미래는?

앞서 말했듯이, 현재 우리 사회에서는 가상 화폐에 대해 부정적인 의견이 좀 더 우세합니다. 가장 큰 이유는 비트코인이 투자가 아닌 투기 수단으로 변질되었기 때문이죠. 2018년, 갖고 있으면 언젠가는 가치가 크게 뛸 거라는 기대 심리로 인해 비트코인의 가격은 단기간에 가파르게 올랐고, 어느새 높은 수익을 낳는 황금알이 되었습니다. 이에 너도나도 비트코인에 '묻지 마 투기'를 하자, 결국 2018년 12월에 정부는 '가상 통화 투기 근절을 위한 특별 대책'을 발표하기에 이르렀죠.

가상 화폐는 국가가 발행과 유통을 관리하지 않기 때문에 가격 변동성이 매우 큽니다. 법정통화가 아니어서 안전장치도 사실상 전무하고요. 해킹 및 각종 사고에 노출될 위험도 높죠. 그럼에도 불구하고 급격한 가격 변동을 기회 삼아 시세 차익을 얻으려는 투기 세력은 여전한 상태입니다.

그렇다면 비트코인 투기는 어떤 방식으로 이루어질까요? 비트코인 투기는 크게 두 가지 방식으로 나뉩니다. 하나는 거래소마다 환율이 다르다는 점을 이용해 환차익(환율의 변동으로 인해 발생하는 이익)을 얻는 거예요. 이를 위해 환율이 낮은 거래소에서 비트코인을 사들인 뒤 환율이 높은 거래소에서 되파는 방법이 쓰이고 있죠. 다른 하나는 주식 투자처럼 시세가 쌀 때 비트코인을 거래소에서 대량 구매한 뒤 시세가 오르면 팔아 차익을 얻는 방식입니다.

사실 '투기'와 '투자'의 구분은 쉽지 않아요. 둘을 구분하는 기준 자체가 주관적이기 때문입니다. 이에 대해서는 "철저한 분석을 통해 원금의 안정성을 보장하면서 만족할 만한 수익을 얻는 행위"를 투자라고 규정하는 반면, "시세 변동의 기회를 틈타 큰 이익을 얻으려는 행위"를 투기라고 규정하는 전문가들의 해석이 있을 뿐입니다. 그런데 이러한 기준에 비춰 볼 때 지난 2018년 우리 사회에 불어닥쳤던 가상 화폐 열풍은 투기에 가까워 보여요. 그 배경으로는 낮은 이자율로 은행 저축의 인기가 추락한 상황과, 높은 실업률과 불황으로 시름하던 청년들의 비뚤어진 욕망이 지목되고 있죠.

"돈은 최선의 하인이자 최악의 주인이다." 철학자 프랜시스 베이컨 Francis Bacon 이 남긴 말입니다. 얼마 전 비트코인에 울고 웃는 사람들을 보면서 돈이 삶의 전부가 되어서는 안 된다는 것을 새삼 느낍니다. 물론 화폐가 인류의 삶을 편리하게 만들었다는 사실은 분명합니다. 미래의 화폐도 인류의 삶을 편리하게 할 수 있어야 합니다. 미래의 화폐는 투명성과 신뢰성, 효율성과 안정성을 모두 갖추고, 돈에 대한 사람들의 인식과 태도까지 바꿀 수 있었으면 합니다.

젠트리피케이션,
핫플레이스에
짙게 드리운 그늘

우리나라와 서구의
젠트리피케이션,
이유가 다르다고?

젠트리피케이션은 '구도심이 번성해 중산층 이상의 사람들이 유입되면서 임대료가 오르고 원주민이 내몰리는 현상'을 뜻하는 말로, 국립국어원에서는 '둥지 내몰림'으로 정의하고 있어요. 그런데 우리나라의 젠트리피케이션과 서구의 젠트리피케이션은 조금 차이가 있답니다. 서구에서는 오래된 주택을 개량함에 따라 중산층이 도심으로 들어오면서 원주민들이 쫓겨나는 경우가 많아요. 반면에 우리나라는 주택 개량보다 재개발로 인해 발생하는 경우가 많고, 주거 공간보다는 상업 공간에서 이뤄지는 게 대부분입니다. 또한 주로 대형 프랜차이즈 사업의 확대로 발생한다는 점도 특징이죠. 한편 인기 관광지가 유흥·상업 지역으로 변하면서 임대료가 상승해 원주민들이 떠나는 현상을 '투어리스티피케이션(touristification)'이라고 해요. 연간 3,000만 명의 관광객들이 찾는 이탈리아 베네치아의 경우 부동산 가격이 폭등해 원주민의 절반 이상이 다른 곳으로 떠났다고 합니다. 이는 우리나라에서도 나타나는 추세랍니다.

1977년 발표된 윤흥길의 중편소설 『아홉 켤레의 구두로 남은 사내』는 젠트리피케이션 문제를 담고 있는 대표적인 작품입니다. 이 소설은 산업화·도시화의 시대적 흐름에서 소외된 계층의 삶을 묘사하고 있어요. 특히 이 작품은 1970년대에 실제 일어난 사건을 소재로 하고 있어서 의미가 깊습니다. 지금은 성남시가 된 경기도 광주군에서 일어난 '광주 대단지 사건'을 배경으로 하고 있죠. 평범한 소시민이었던 권씨 가족은 시 당국의 무리한 도시 개발 정책으로 내 집 마련의 꿈을 빼앗기고 셋방살이 신세로 살아가고 있습니다. 그러다 권씨는 당국의 조치에 항의하는 시위의 주동자로 몰려 경찰의 감시 대상이 됩니다. 졸지에 도시 빈민으로 전락한 권씨는 결국 자신이 늘 애지중지 여기며 공들여 닦아 신던 아홉 켤레의 구두만을 남겨 둔 채 집을 나가죠. 여기서 아홉 켤레의 구두는 소외된 서민들의 상처 입은 자존심을 상징한다고 볼 수 있습니다.

40년 전 소설 속에 젠트리피케이션이 나온다고?

홍대 거리, 연남동, 망원동 망리단길, 익선동 등의 공통점은 무엇일까요? 요즘 뜨고 있는 뜨겁고 인기 있는 곳, 이른바 '핫플레이스(hot place)'라는 점입니다. 그렇다면 이들 동네는 어떻게 많은 사람에게 인기를 얻게 되었을까요?

도시가 발전하면 나타나는 문제 가운데 하나가 구도심의 '낙후 현상'입니다. 2000년대 초부터 정부는 낙후된 도시를 개발하기 위한 정책을 발표하고, 도시 활성화를 추진했습니다. 관광 및 예술의 활성화를 통해 인구를 구도심으로 유입하려 했죠. 이에 젊은 예술가들과 청년 사업가들이 톡톡 튀는 아이디어로 해당 지역에 새로운 문화를 만들고 경제에 활력을 불어넣었어요. 그러다 보니 SNS와 입소문을 통해 사람들의 발길이 잦아지면서 낙후된 도시들이 핫플레이스가 된 것입니다. 그러나 시간이 지나면서 화려하게만 보이는 핫플레이스에도 그늘이 드리우기 시작했습니다.

뜨거운 장소 이면의 차가운 현실

허름한 동네는 예술가들이 유입되면 다채로운 문화 공간으로 바

꿉니다. 개성 있고 예쁜 카페, 공방, 책방, 음식점, 공연장 등이 하나둘씩 생기게 되죠. 사람들의 발길이 뜸하던 동네가 늘어난 방문객으로 활기를 되찾고, 골목의 상권이 점차 확대되면서 핫플레이스가 되어 갑니다. 그러나 시간이 지나면 그 가게들과 주변 가정집들이 대기업이 운영하는 카페와 음식점으로 빠르게 바뀌면서 주거지역보다 상업지역이 더 커지게 됩니다. 부동산 가치가 상승해 집값과 임대료 등이 크게 오르기도 하고요.

한편 이러한 동네를 생활 터전으로 삼고 어렵게 생계를 유지하던 사람들은 동네를 떠나야 하는 상황에 직면합니다. 주거 세입자들은 뛰어오른 집세를, 카페와 공방 등을 운영하던 예술가들은 높은 임대료를 감당하지 못해 자의 반 타의 반으로 내쫓기게 되죠. 또 골목 상권을 지키던 작은 가게들이 재개발과 재건축을 이유로 강제로 철거되고, 그곳에는 상가 건물이 들어서게 됩니다.

이처럼 지역 경제의 활성화가 오히려 동네를 지켜 온 원주민들을 동네 밖으로 몰아내는 현상을 일컫는 말이 바로 '젠트리피케이션(gentrification)'입니다. 이 말은 1964년 영국의 사회학자 루스 글래스Ruth Glass가 처음 사용한 것으로, 지주·신사 계급을 뜻하는 '젠트리(gentry)'에서 파생한 용어예요. 그는 재개발로 인해 도심의 황폐한 노동자들이 중산층에게 거주지를 빼앗기는 문제를 지적하면서 이 말을 사용했죠.

망원동의 망리단길만큼이나 이슈를 모으고 있는 경주의 황리단길, 한 해 100만 명이 넘는 방문객들이 찾는 군산의 근대 문화유산 거리, 예술가들이 그린 벽화로 유명해진 대구의 김광석 거리, 광주의 몽

마르트르라고 불리는 양림동 등 많은 관광객의 발길을 끄는 곳에서 이제 젠트리피케이션은 피할 수 없는 현상이 되었습니다. 이처럼 젠트리피케이션은 전국적으로 확산되고 있으며, 그로 인한 문제는 더욱 심각해지고 있어요.

젠트리피케이션은 임대료 상승 외에 상권을 획일화한다는 문제도 낳습니다. 작지만 개성 넘치는 가게들을 없애고 어디에서나 볼 법한 흔한 동네로 만들죠. 예술가와 소상공인들이 쫓겨나면서 독특한 문화와 분위기를 자랑하던 골목도 함께 사라지는 것을 '문화 백화(白化) 현상'이라고 합니다. 바닷속 산호가 죽으면 석회 성분으로 주변이 하얗게 변하듯이, 젠트리피케이션으로 인해 골목과 거리가 문화적 다양성을 잃고 획일화되어 결국 다시 침체되는 문제를 지적한 말이에요. 예를 들어 분위기 있는 카페와 개성 넘치는 옷 가게로 유명했던 신사동 가로수길은 현재 브랜드 매장들이 빼곡히 들어서서 예전의 정취를 잃고 말았습니다. 이제는 가로수길이 아닌 대기업의 광고판 길로 불리며 찾는 이들도 점점 줄어들고 있죠.

또한 젠트리피케이션은 눈앞의 이윤만을 중시하는 투기를 부추기고 해당 지역에 거주하는 사람들을 불안에 빠지게 합니다. 주민들 간 갈등도 심화시키면서 결국 활력과 인심 모두를 잃어버린 동네로 만들어 버리죠. 이처럼 여러 사회문제를 가져오는 젠트리피케이션은 반드시 일어날 수밖에 없는 현상일까요? 이를 피할 수 있는 방법은 없는 걸까요?

젠트리피케이션, 왜 생기는 걸까?

오늘날에는 약 35억 명의 사람들이 도시에 살고 있습니다. 도시는 정치·경제·사회·문화 활동의 중심지입니다. 한정된 공간에 수많은 사람들이 모여 살아 인구밀도가 높고, 좁은 공간을 효율적으로 이용하기 위해 높은 건물들이 밀집되어 있습니다. 농업이나 어업 등의 1차산업보다는 제조업, 건설업과 같은 2차산업이나 서비스업과 같은 3차산업이 발달해 있고, 도로와 교통 시설이 집중되어 있죠. 도시 사람들은 저마다 다양한 직업군에 종사하고, 각기 다른 생활 양상을 보이며 살아갑니다.

사람들이 도시에 몰리는 데는 무엇보다 경제적인 이유가 가장 큽니다. 도시는 사람들에게 더 많은 일자리를 구할 수 있는 기회를 제공합니다. 또한 도시에는 다양한 생활 편의 시설, 교육·문화 시설 등도 잘 갖춰져 있죠. 하늘 높이 솟은 고층 건물과 차들로 가득한 도로, 전통과 자연의 정취가 가득한 고궁과 공원, 사람들로 북적대는 대형 쇼핑몰과 상점이 늘어선 거리. 도시는 기술과 문명, 그리고 유행과 문화의 중심지입니다.

하지만 도시가 성장함에 따라 도심의 땅값은 급증하고, 각종 공해, 교통 체증 등도 심해지게 마련이에요. 따라서 사람들의 주거지는 점차 도심 밖으로 이동하게 되죠. 이처럼 도시 외곽으로 인구가 이동하면서 도심의 기능이 크게 약해지고 외곽 지역이 밀집되는 현상을 '도심 공동화현상'이라고 합니다. 반면에 방치되고 노후화됐던 도심에 재개발이 일어나면서 사람들이 다시 도심으로 집중되는 현상을 '재도시화'라고 하죠.

젠트리피케이션을 이 두 현상과 엮어 생각해 볼 수 있습니다. 도심 공동화현상으로 도심의 기능이 약해짐에 따라, 오히려 도시 외곽보다 땅값이 싼 도심 지역이 나타납니다. 여기에 자유로운 삶을 즐기는 예술가들, 도시 밖의 무료한 삶에 지친 중산층이 다시 들어와 동네가 재활성화되면서 주거 환경이 향상되죠. 그러면 집값이 오르면서 전세나 월세도 함께 올라 기존 거주자들이 동네에서 밀려나는 현상이 발생하는 것입니다. 또 젠트리피케이션은 중산층이 도심에 다시 유입됨에 따라 저소득층이 내몰리는 현상이라는 점에서 도심이 재도시화되는 신호라고 볼 수도 있습니다.

한편 젠트리피케이션이 꼭 부정적인 현상만은 아니라고 주장하는 사람들도 있습니다. 이들은 젠트리피케이션으로 인해 지역 경제가 활성화되면서 주민들의 삶의 질이 높아질 수 있다고 이야기하죠. 신흥 중산층을 다시 도시로 되돌아오게 한다는 점에서, 젠트리피케이션은 도시 재생의 중요한 기회가 될 수 있습니다. 관건은 '원주민의 생활 터전을 빼앗는 부정적인 젠트리피케이션 문제를 어떻게 해결하면서 도시를 재생하느냐'입니다.

젠트리피케이션 문제 해결에 나선 나라들

젠트리피케이션 문제를 완벽히 해결한 나라는 아직까지 없습니다. 나라마다 각자 사정이 달라 공통된 해법이란 게 존재하기도 힘들고요. 그럼에도 불구하고 '노블레스 오블리주'(noblesse oblige, 높은 사회적 신분에 상응하는 도덕적 의무)를 도시 정책에 반영한 프랑스 파리와 영국 런던의 사례는 약자를 보호해 의미 있는 성과를 거뒀다는 점에서 시사하는 바가 큽니다.

파리시는 1970년대까지 도시 발전을 위해 대규모 상가의 입주를 장려했습니다. 하지만 그로 인해 소규모 상점들이 점차 사라지면서 골목 상권이 붕괴되는 위기를 맞았죠. 이에 파리시는 2006년 '도시 기본 계획'을 수립하며 시내 도로 전체 길이의 16%에 해당하는 구간을 '보호 상업가'로 지정했습니다. 여기에는 총 3만여 개의 상업 시설이 자리해 있었는데, 각 건물의 1층에 입점한 소매 및 수공업 점포는 다른 용도로 변경될 수 없도록 조치를 취했어요. 이로써 프랜차이즈 음식점·카페의 진입이 제한됐죠. 2008년부터는 아예 시가 상가를 직접 사들여 저렴한 가격에 소상공인들에게 임대해 주었습니다. 이를 '비탈 카르티에'(생기 있는 거리) 정책이라고 하는데, 그 덕분에 개성 넘치는 점포들이 늘어나면서 거리에 낭만과 활력이 가득해졌어요.

영국 런던의 템스강변에 위치한 '코인 스트리트' 지역은 가장 모범적인 젠트리피케이션 대응 사례로 꼽힙니다. 이곳은 1970년대 이후 산업이 쇠락하면서 한때 흉물스러운 땅으로 방치되어 있었어요. 그러자 그 일대 땅을 싼값에 사들여 대규모 재개발 사업을 실시하려는 부동산 투자 세력들이 나타났죠. 주민들은 재개발 이후 치솟은 집값으로 쫓겨나게 될 것을 우려해, 정부에 재개발 대안 모델을 제시하기로 합니다. 이를 위해 협동조합을 결성하고 직접 임대주택을 지어 보급하겠다는 계획을 세우죠.

무려 7년의 긴 설득 끝에 주민 공동체는 정부로부터 사업권과 지원금을 따낼 수 있었습니다. 이로써 이들은 임대주택을 지어 원주민들의 주거 문제를 해결하는 한편, 낡은 건물들을 리모델링해 상업 공간이나 문화 시설로 재탄생시켰어요. 그중 금싸라기 땅에 자리한 '옥소 타워(OXO Tower)'는 지역의 핫플레이스가 됐는데, 임대료가 낮아 소상공인들이 마음 놓고 장사할 수 있다고 합니다. 코인 스트리트의 사례는 주민들의 단합된 힘이 젠트리피케이션의 대항력이 될 수 있음을 보여주고 있습니다.

살고 싶은 도시 만들기

그렇다면 우리나라는 젠트리피케이션 문제 해결을 위해 어떤 노력을 기울이고 있을까요? 건물이나 도로가 노후화된 구도심에서 산업 및 상업 시설이 떠나면 지역은 쇠락의 길을 걸을 수밖에 없습니다. 예전에는 대규모 재개발사업을 실시해 '슬럼화'를 해결했지만 이것이 젠트리피케이션을 일으키자 대안을 모색하기에 이르렀어요. 그중 대표적인 것이 바로 '도시 재생'입니다.

도시 재생은 낡은 동네를 완전히 갈아엎는 재개발과는 다른 개념으로, 지역의 역사와 문화를 훼손하지 않고 주거 및 상업 시설을 일부만 고쳐 삶의 질을 향상시키는 것을 꾀합니다. 재개발처럼 황금알을 낳는 수익 사업은 아니지만 선진국을 중심으로 실행 사례가 확산되면서 우리나라에서도 의욕적으로 추진되고 있죠. 폐철도를 공원으로 탈바꿈시킨 뉴욕시의 '하이라인 파크', 오래된 발전소를 미술관으로 바꾼 런던시의 '테이트 모던', 생기 잃은 섬을 자연 전시관으로 탄생시킨 '나오시마 예술 섬' 등은 기발한 아이디어가 돋보이는 도시 재생 아이템으로 꼽힙니다. 지난해 개장과 동시에 큰 주목을 받은 '서울로 7017'(서울역 고가 공원)도 하이라인 파크에서 영감을 얻어, 고가도로를 공원으로 리모델링한 거라고 해요.

최근 정부는 낙후 지역 500곳에 5년간 총 50조 원을 들여 '도시 재생 뉴딜 정책'을 추진한다고 밝혔어요. 사업 대상지의 절반 이상이 1,000가구 이하의 소규모 지구로, 이곳에서는 주택 개량과 마을 주차장·CCTV·무인 택배함 설치 등이 이뤄집니다. 이보다 규모가 큰 주택지에서는 주택 개량과 더불어 도로 정비가 추진되며, 시가지에서는 낡은 상가를 리모델링하는 작업이 실시된다고 해요. 이러한 도시 재생 사업은 주택난은 물론 지역 일자리 문제 해결과 경제 활성화에도 도움을 줄 것으로 보입니다.

살기 좋은 도시란 어떤 곳일까요? 기반 시설이 잘 갖추어져 있고 경제 수준이 높은 도시, 인구가 너무 많지 않고 주변 환경이 쾌적한 도시, 범죄율이 낮고 안전한 도시, 그리고 삶의 질과 만족도가 높은 도시일 것입니다. 도시는 성장하고 쇠퇴하고 또다시 태어납니다. 미국의 어느 환경 운동가는 이런 말을 남겼습니다.

"도시는 우리가 꿈꾸는 대로 다시 태어난다. 꿈이 없는 도시, 그것은 우리가 가장 두려워해야 할 도시다."

살기 좋은 도시란 아마도 꿈을 가진 도시가 아닐까요? 그곳에서 살아가는 사람들이 자기 나름의 꿈을 갖고, 자신의 삶을 아름답게 펼칠 수 있도록 든든한 뿌리가 되어 주는 도시 말이에요.

감시 사회,
누군가
바라보고 있다

흔히 '감시 카메라' 하면 우리는 먼저 아날로그 방식의 폐쇄 회로 텔레비전인 CCTV를 떠올립니다. 그런데 최근에는 CCTV 대신 설치가 쉽고 비용이 저렴한 IP(Internet Protocol) 카메라가 인기를 끌고 있어요. IP 카메라는 스마트폰이나 컴퓨터로 기능을 제어할 수 있는 감시 카메라로, 사물인터넷(IoT) 기기예요. 특히 자신이 외출한 뒤 집 안에 홀로 남겨진 반려동물을 살펴보거나 매장에서 도난을 방지하기 위한 용도로 많이 사용되죠. 그런데 2017년, IP 카메라를 해킹해 몰래카메라처럼 남의 사생활을 들여다본 사람들이 경찰에 적발되는 초유의 사태가 벌어졌습니다. 이들은 IP 카메라를 구매한 사람들이 비밀번호를 다시 설정하지 않는다는 점을 악용해 IP 카메라 프로그램에 접속, 해킹하는 방법을 사용했죠. 전문가들은 IP 카메라를 안전하게 이용하려면 수시로 비밀번호를 변경하고, 반드시 보안 인증된 제품을 사용해야 한다고 이야기하고 있습니다.

인터넷과 연결된 IP 카메라, 해킹되면 어떤 일이 벌어질까?

현재 사람들의 개인 정보를 가장 필요로 하는 곳은 기업이라 할 수 있습니다. 그런데 2017년 너무나 황당한 방법으로 기업이 고객의 개인 정보를 빼내는 사건이 일어났어요. 바로 아이들의 장난감인 스마트 인형을 이용한 방법입니다. 2017년 독일에서는 음성 인식 기술이 탑재된, 말하는 인형 '마이 프렌드 카일라(My Friend Cayla)'의 판매를 금지시켰습니다. 카일라는 블루투스 칩이 들어 있는 스마트 인형으로, 이를 통해 실시간으로 아이들과 대화할 수 있어요. 아이들이 카일라에게 질문을 하면, 카일라는 블루투스로 인터넷에 접속, 그 내용을 검색한 다음 아이의 질문에 답변해 주죠. 그런데 문제는 제조업체가 부모의 동의 없이 인형과 아이의 대화 내용을 녹음해 서버에 저장하면서 불거졌어요. 장난감에 녹음된 사적인 대화들이 장난감 회사의 서버를 통해 해킹당하면, 그 정보가 범죄에 이용될 수도 있기 때문이죠. 실제로 미국에서는 녹음 기능이 탑재된 곰 인형이 해킹당해 무려 80만 명의 개인 정보와 사생활이 유출되는 사건이 벌어지기도 했습니다.

스마트 인형이 내 정보를 빼 간다고?

2013년 5월, 스물다섯 살의 청년 에드워드 스노든 ^{Edward J. Snowden}의 폭로가 전 세계를 큰 충격에 빠뜨렸습니다. 미국 중앙정보국(CIA)과 국가안보국(NSA)에서 컴퓨터 기술자로 일했던 그는 영국 일간지《가디언》을 통해 정부 기관의 감시가 얼마나 광범위하고 철저하게 이뤄지고 있는지를 낱낱이 밝혔어요. 국가안보국이 미국의 주요 IT 기업 서버에 직접 접속해 음성·영상 파일, 사진, 이메일, 문서, 온라인 접속 기록 등 일반 시민들의 개인 정보를 대규모로 수집해 왔다는 거죠. 특히 오늘날의 감시 체계는 평범한 소시민의 일상으로까지 파고들어 있습니다. 곳곳에 촘촘히 설치된 CCTV와 블랙박스, 현대인의 생활필수품인 스마트폰이 실시간으로 거의 모든 사생활을 스캔하고 있죠.

누군가 날 감시하고 있다

엘리베이터 안이나 주택가 골목, 도로의 과속 방지 구간 근처 등을 주의 깊게 살피면 흔히 볼 수 있는 것이 있습니다. 바로 CCTV 카메라입니다. '폐쇄 회로 텔레비전(Closed Circuit Television)'이란 뜻의 CCTV는 건축물·시설물에 설치된 비디오카메라를 통해 촬영된 주변 상황을 실시간으로 살펴보고 기록할 수 있는 시스템입니다. 일반 TV는 누구나 쉽게 시청할 수 있는 반면, CCTV는 특별한 목적으로 특정한 사람들에게만 전달되죠.

행정안전부 통계에 따르면, 2018년 말 기준으로 우리나라에는 공공 목적을 위한 카메라가 103만 3,000대 정도 설치되어 있습니다. 여기에 민간에서 설치한 것과 자동차 블랙박스까지 합하면 2,000만 대 정도의 감시 카메라가 존재하는 것으로 추정되죠.

외국의 사례를 보면, 세계 최초로 CCTV를 설치한 영국에서는 테러 사건이 빈번하게 일어난 1990년대 초반부터 도심 곳곳에 카메라를 설치해 범죄를 감시하고 있습니다. 국민 10명당 1대꼴로 돌아가고 있는 감시 카메라가 사람들의 행동을 지켜보고 있죠. 중국 정부는 지난 2015년부터 범죄 용의자 추적 시스템 '톈왕'[天網, 하늘의 그물]을 도입해 범죄 용의자를 추적하거나 실종자를 찾아내고 있습니다. 2,000만 대의 인공지능 감시 카메라를 기반으로 구축된 이 시스템은 중국 전체 인구를 99.8%의 정확도로 1초 만에 식별할 수 있다고 합니다.

오늘날 감시의 가장 큰 목적 중 하나는 테러나 강력 범죄로 인한 사람들의 피해나 불안을 줄이는 것입니다. 테러와 범죄가 갈수록 조직화·일상화되면서 감시의 규모와 범위는 더욱 커지고 있어요. 이렇듯 체계적이고 대규모로 이뤄지는 감시는 국가와 정부 기관에 의해 행해집니다. 경찰은 CCTV를 이용해 범죄를 24시간 감시하고, 정보기관은 국가 안보를 위협하는 테러나 반(反)사회적인 요소들을 찾아내기 위해 감시를 늦추지 않습니다.

사회적 갈등과 분쟁이 다양해지고 복잡해지면서 사람들 사이의 불신은 더욱 커져 가고, 사람들은 안전과 질서를 위해 감시에 더 많이 의존하게 됐습니다. 이처럼 각종 감시가 일상화되면서 한편으로는 사람들이 점차 감시에 무감해지고 있죠. 그러나 만약 우리가 믿고 있는 정부 기관이 권력 유지나 국민 통제 등 불순한 의도로 감시를 이용한다면 어떻게 될까요? 조지 오웰^{George Orwell}의 소설 『1984』 속 '빅 브러더(big brother)'처럼 말입니다. 『1984』에서 '빅 브러더'로 불리는 독재자는 '텔레스크린'이라는 장치를 이용해 24시간 시민들을 감시합니다. 빅 브러더의 감시 도구이자 세뇌 도구인 텔레스크린에 의해 사람들은 자연스럽게 지배자에게 복종하고 체제에 순응하며 살아가죠. 조지 오웰은 소설을 통해 감시 사회가 사람들의 생각과 자유를 억압하고, 사랑과 자비 같은 소중한 인간성마저 사라지게 만들 것이라고 말합니다. 사람들의 일거수일투족을 감시하는 텔레스크린을 보며 오늘날의 CCTV가 떠오르는 것은 기분 탓일까요?

스마트폰, 감시의 도구가 되다

감시 도구로 사용되는 것은 CCTV만이 아닙니다. CCTV와 더불어 GPS, 도청 장치도 대표적인 감시 도구로 꼽혀요. GPS는 'Global Positioning System'의 약자로, 위성 항법 시스템을 말합니다. GPS 위성에서 보내는 신호를 수신해 사용자의 현재 위치를 알아내는 시스템이죠. 그런데 우리가 반드시 기억해야 될 것은 '스마트폰이야말로 이러한 각종 감시 기능이 집약된 결정체'라는 사실이에요. 스마트폰에는 통화·문자 기록, 사진, 동영상, 전화번호부 등 사용자의 기본 정보는 물론이고 취미·생활 방식·관심사 등을 보여 주는 각종 프로그램이 깔려 있어요. 특히 메신저나 SNS는 은밀한 개인사를 담고 있는 경우도 많죠. 그리고 스마트폰에 장착된 센서들은 사용자의 행적과 관련된 정보들을 실시간으로 생성합니다. GPS 수신기는 사용자의 위치 및 이동 속도를 파악하고, 터치·음성·이미지·가속도·자기장·기압·평형 상태를 측정하는 센서들도 주변의 움직임 및 환경 등을 정보화하고 있고요. 스마트폰 하나만 있으면 사용자의 거의 모든 것을 파악할 수 있는 세상인 겁니다.

최근에는 일명 '스파이 앱(spy application)'이라 불리는 스마트폰 불법 도청 프로그램이 활개를 치면서 보안의 취약성이 사회문제로 대두됐어요. 이 앱은 주로 무료 영화 쿠폰이나 업그레이드 프로그램으로 위장해 스마트폰에 설치된 뒤, 통화 내용 도청은 물론, 문자 메시지·이메일·채팅·사진·동영상을 염탐합니다. 그런데 이처럼 불법적인 경로가 아니더라도 스마트폰을 통한 감시는 이미 흔한 일상이 됐어요. 부모가 자녀의 스마트폰에 위치 추적을 비롯해 각종 유해물·소액 결제 차단 앱을 까는가 하면, 기업들은 보안 강화와 업무 효율화 등을 이유로 직원들에게 특정 앱 설치를 강요하는 일이 늘고 있죠.

오늘날 개인 정보를 얻기 위해 가장 애쓰는 존재는 바로 기업입니다. 기업은 더 많은 물건을 팔기 위해 보다 많은 고객의 정보를 얻길 원합니다. 나이, 성별, 거주지 등의 신상 정보, 물건 구매나 음식 주문 이력 등 소비 활동에 관한 정보들은 소비자의 기호나 취향을 파악하고 행동을 예측하는 데 도움이 되기 때문이죠. 기업들은 이 같은 '빅데이터' 확보를 위해 고객들의 일상을 추적하고 있어요. 이제 감시가 경제 활동의 중심이자 산업의 기반이 되어 가고 있는 것입니다.

감시 사회에서 잘 살아가기

감시가 일상화되면서, 무차별적으로 빈번하게 이루어지는 감시에 대해 우려의 목소리도 높아지고 있어요. 감시로 인해 개인의 프라이버시가 침해될 수도 있기 때문이죠. 프라이버시란 개인의 사생활이나 집 안의 사적인 일을 남에게 간섭받지 않을 권리로, 생각과 표현을 자유롭게 할 권리, 집에서 혼자 고독을 누릴 수 있는 권리, 자신의 신체를 자유롭게 통제할 권리, 정부나 권력기관의 감시에서 자유로울 권리 등을 아우르는 말입니다. 프라이버시는 우리의 인격을 제대로 표현하고 지키는 데 필요한 권리예요. 특히 이를 천부인권으로 여기는 유럽연합은 개인 정보를 엄격하게 보호하고 있습니다. 기업은 개인 정보를 수집하기 전에, 개인의 프라이버시에 미칠 영향을 미리 조사·분석·평가하는 '프라이버시 영향 평가'를 반드시 실시해야 하고, 서비스 제공 외의 목적으로 개인 정보를 수집할 때는 반드시 이용자의 명백한 사전 동의를 받도록 하고 있습니다. 그뿐 아니라 개인 데이터를 옮기거나 삭제해 달라는 개인의 요구에 응할 것을 법적으로 분명하게 규정하고 있답니다.

그러나 미국이나 중국 등 여러 나라에서는 합법적은 물론이고 불법적으로도 정부의 감시 행위가 지속되고 있습니다. 2001년 9·11 테러 사건을 겪은 미국은 '애국법'을 제정해 미국 연방수사국(FBI)이 개인 정보에 쉽게 접근할 수 있도록 했습니다. 이 법은 전화, 이메일 등에 대한 사법 집행기관의 감시 권한을 대폭 강화했기 때문에 개인의 인권을 침해할 소지가 있죠. 앞서 살펴본 중국이나 베네수엘라에서는 감시 시스템을 도입해 통제에 응하지 않거나 평가 점수가 낮은 사람들에게 불이익을 주고 있습니다. 이로 인해 국민의 사생활이 침해받고 불평등 사회가 심화될 수도 있다는 비판의 목소리가 높아지고 있어요.

특히 CCTV와 안면 인식 기술은 더 똑똑한 감시를 가능하게 하고 있습니다. 이미 중국은 이 둘을 이용해 중국 전체 인구를 감시하는 디지털 감시 시스템을 구축 중이에요. 중국 공안경찰은 안경형 안면 인식 기기를 착용하고 용의자의 신분증 사진과 실제 얼굴을 대조·식별하고 있고, 주요 공항에서는 안면 인식 카메라를 활용해 승객들의 신원을 확인하고 있습니다. 또한 일부 도시에서는 CCTV에 무단 횡단자의 얼굴이 찍히면 곧바로 그 사람의 신상 정보를 전광판에 띄우고 벌금을 부과하는 감시 시스템을 활용하고 있죠. 그 덕분에 무단 횡단 건수가 10분의 1로 줄어들었다고 해요.

얼굴이나 지문, 목소리 등 개인의 신체 정보들을 이용하면 거의 완벽하게 개개인을 식별할 수 있기 때문에, 이 같은 정보를 다룰 때는 각별히 유의해야 합니다. 실제로 미국 FBI가 보유하고 있던 560만 명의 지문 정보가 해커에 의해 도난당하는 사건이 발생한 적이 있습니다. 중국에서는 정부가 수만 명의 반(反)체제 인사들의 음성 패턴을 몰래 수집해 비난을 받기도 했죠.

투명하고 책임 있는 감시를 위해

감시는 양날의 검과 같습니다. 감시를 통해 얻는 것도 있지만 그에 못지않게 감수해야 하는 위험도 있어요. 따라서 필요 시에만 최소한으로 감시가 이루어져야 한다고 보는 사람도 있습니다. 그리고 이들은 감시에 이용되는 정보들은 되도록 빨리 폐기되어야 한다고 주장하죠. 반면에 적극적으로 감시가 이루어져야 한다고 생각하는 사람들도 있어요. 다만, 이들은 '나'의 어떤 정보가 사용되는지, 또 누가 어떤 방식으로 그 정보를 이용하는지, 그래서 '나'에게 어떤 도움을 주는지 투명하게 알 수 있어야 한다고 강조합니다.

현재 여러 나라에서는 국민의 개인 정보를 하나로 통합해 관리하는 정책을 검토하고 있습니다. 즉 신분증과 여권, 운전면허증, 의료보험증 등 모든 개인 정보를 한 장의 카드에 담아 공공서비스를 보다 효율적으로 제공하겠다는 것이죠. 이를 통해 행정적인 편리함을 얻을 수는 있겠지만, 한편으로는 감시와 통제로 인한 인권침해를 가져올 수도 있습니다. 카드 한 장으로 개인의 모든 정보가 노출될 수 있기 때문이죠.

정보화사회가 진행될수록 개인 정보 보호를 둘러싼 논란은 더욱 커질 수밖에 없어요. 우리의 지속적인 관심과 노력이 더욱 필요한 이유가 여기에 있죠. 특히 우리는 감시를 받기만 하는 수동적인 대상이 되어서는 안 됩니다. 주체적인 정보 생산자로서, 개인 정보를 보호받을 권리가 있다는 사실을 반드시 기억하고 스스로 지켜 나가야 합니다. 그래야만 '빅 브러더'가 우리가 지배하는 상황을 막을 수 있을 테니까요.

자연스럽게 이긴, 부드러 걸리고,

이때쯤 네 결리 수~(1231)9동산 ~?

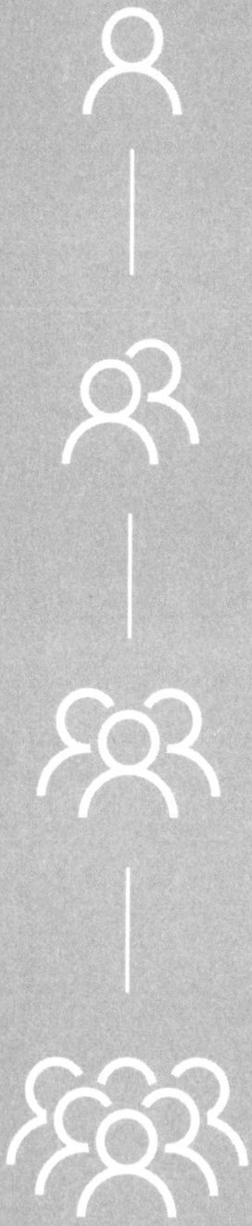

미세 플라스틱,
바다를 떠도는
죽음의 알갱이

고래의 죽음,
플라스틱이
범인이라고?

2018년 2월 어느 날, 스페인 해안가에 길이 10m에 이르는 향유고래 시체가 떠올랐습니다. 그런데 향유고래를 부검해 보니, 놀랍게도 29kg에 달하는 폐플라스틱, 비닐 쓰레기가 배 속에 들어 있었다고 해요. 몸에서 배출되지 못한 플라스틱은 소화 작용을 막았고, 결국 향유고래는 복막염으로 죽음에 이르렀다는 것이죠. 11월에는 인도네시아 해변에서 몸길이가 9.5m에 이르는 고래가 죽은 채 발견됐는데, 이 고래의 배 속에는 5.9kg의 쓰레기가 들어 있었다고 해요. 2017년, 미국 캘리포니아주립대와 조지아주립대 공동 연구 팀이 《사이언스 어드밴시스》지(誌)에 게재한 논문에 따르면, '1950~2015년 66년 동안 플라스틱 누적 생산량은 83억t'에 이릅니다. 그런데 이 가운데 무려 60% 정도인 50억t가량이 매립되거나 해양이나 육지 등 자연에 그대로 버려졌다고 해요. 어떻게 보면 이들 고래는 인간이 죽인 것이나 마찬가지인 셈입니다.

플라스틱은 태우면 다이옥신과 같은 유해 물질이 발생하고, 자연 상태에서는 거의 분해되지 않거나 분해되는 데 수백 년이 걸리기 때문에 땅에 묻거나 바다에 버려서는 안 됩니다. 이런 문제를 해결하기 위해 자연적으로 분해가 가능한 '생분해성 플라스틱'을 개발하는 연구가 활발하게 이뤄지고 있어요. 주로 녹말 같은 천연 소재를 첨가해 플라스틱을 만드는 식인데, 외과 수술 후 저절로 녹는 실을 떠올리면 이해하기 쉬울 거예요. 이러한 플라스틱이 땅이나 바다에 버려지면, 세균이나 곰팡이 같은 미생물에 의해 최종적으로 물과 이산화탄소로 분해된다고 해요. 최근 아마존 열대우림에서는 플라스틱을 먹는 곰팡이도 발견됐습니다. 예일대 연구팀이 에콰도르의 원시림에서 플라스틱의 일종인 폴리우레탄만 섭취하는 곰팡이를 찾아냈죠. 곰팡이 특유의 생명력 덕분에 이들은 쓰레기 매립지 밑바닥에서도 살아갈 수 있다고 해요.

플라스틱 공해,
해결할 수 있을까?

플라스틱은 세상에 그 모습을 처음 드러낸 이후, 특유의 유연성과 무한한 변신 능력 때문에 이제 쓰이지 않는 곳을 찾기 힘들 정도예요. 이러한 플라스틱이 가진 가장 큰 특징 중의 하나는 바로 영원히 분해되거나 녹슬지 않는 '영속성'입니다. 한번 만들어진 플라스틱은 지구 어딘가에 영원히 존재한다는 거죠.

이를 잘 보여 준 것이 바로 〈월-E(WALL-E)〉(2008, 감독 앤드류 스탠튼)라는 애니메이션입니다. 월-E는 'Waste Allocation Load Lifter Earth-Class', 곧 지구 폐기물 수거-처리용 로봇이에요. 영화에서 인간들은 미래의 지구, 쓰레기 행성으로 바뀐 지구를 버리고, 초호화 우주 여행선을 타고 우주로 향합니다.

월-E는 지구인들이 우주로 떠난 700년 전 지구에 남겨 놓은 수많은 청소 로봇 가운데 하나입니다. 월-E는 사람들이 떠나 버린 지구에 홀로 남아 매일같이 재활용품을 분리수거하고 압축하는 일을 하죠. 이 영화를 보면서 무엇보다 놀라웠던 것은 인간이 지구를 떠난 지 몇백 년이 지났는데도, 여전히 플라스틱 제품이 거리를 나뒹굴고 있다는 점이었어요.

플라스틱, 누가 만들었을까?

플라스틱(plastic)은 그리스어로 '만들기 쉽다', '성형하기 쉽다'는 뜻을 가진 '플라스티코스(plastikos)'에서 유래한 말로, 원래 당구공의 재료로 개발됐습니다. 1860년대 무렵, 당구공 생산 업체들은 1만 달러라는 거액의 상금을 제시하며 상아를 대신할 당구공의 재료를 공모했어요. 당시 상아는 코끼리 수 급감으로 품귀 현상을 빚고 있었거든요. 이에 미국의 인쇄업자 존 하이엇 John W. Hyatt 이 1869년에 질산섬유소(니트로-셀룰로오스)와 장뇌(녹나무를 증류해 냉각시킨 결정체)를 반응시켜 얻은 식물 진액 형태의 신소재를 세상에 내놓습니다. 이것은 열을 받으면 모양이 쉽게 변하다가도 굳으면 상아만큼이나 단단해져 동그랗고 단단한 당구공으로 제작하기에 안성맞춤이었어요. 그가 개발한 이 인류 최초의 플라스틱이 바로 '셀룰로이드(celluloid)'입니다. 셀룰로이드는 일종의 천연수지였죠.

우리가 흔히 알고 있는 플라스틱은 1907년에 미국의 화학자 리오 베이클랜드 Leo H. Baekeland 에 의해 발명됐습니다. 그는 페놀과 폼알데하이드를 합성해 '베이클라이트'라는 합성수지를 만들었어요. 이것은 열과 전기가 통하지 않는 데다 잘 부식되지도 않아 천연수지보다 활용도가 높았죠. 1933년에는 플라스틱의 대명사인 '폴리에틸렌(PE)'이 개발됐습니다. 폴리에틸렌은 페트병이나 비닐봉지, 전선용 피복 등에 쓰이며 바야흐로 '플라스틱 시대'의 개막을 알렸습니다.

얼마 뒤인 1937년 미국 뒤퐁사(社)의 연구원 월리스 캐러더스 Wallace H. Carothers가 플라스틱으로 나일론이라는 합성섬유를 개발하면서 '플라스틱 시대'가 활짝 열렸어요. 이후 블라우스, 낙하산, 스타킹 등 다양한 나일론 제품이 만들어졌고, 이에 힘입어 플라스틱의 수요도 폭발적으로 증가했죠. 오늘날 플라스틱은 스티로폼, 고무, 필름 등 다양한 소재로 응용·발전되고 있습니다.

그런데 플라스틱은 우리에게 편리함과 동시에 고민도 안겨 줬어요. 썩지 않다 보니 곳곳에서 쓰레기로 방치된 채 환경오염을 일으켰거든요. 플라스틱의 분자구조를 자세히 보면 작은 분자들이 '중합'을 통해서 거대한 분자 사슬을 이루고 있음을 알 수 있습니다. 폴리에틸렌을 예로 들면 이미 이중결합 상태인 에틸렌($CH_2=CH_2$)이 서로 무수히 연결된 형태($CH_2-CH_2-CH_2\cdots$)를 띠고 있죠. 이로써 분자량이 크고 분자 간 결합력도 매우 커졌어요. 이러한 화학적 특성 덕분에 플라스틱은 입자가 치밀하고 형태가 견고하며 세월이 지나도 썩지 않는 성질을 갖게 됐습니다. 그러나 이 점은 미세 플라스틱이 갖는 치명적인 위험성의 원인이 되었어요.

생명을 위협하는 미세 플라스틱

현재 지구의 해수면 위에는 약 51조 개의 미세 플라스틱이 떠다닌다고 합니다. 해수면뿐만 아니라 바닷속과 해저 퇴적물, 심지어 청정지대로 알려진 남극과 북극의 얼음에서도 발견될 만큼 널리 퍼져 있죠. 인간이 플라스틱을 사용한 역사는 100년도 채 안 되지만 지구촌 곳곳은 미세 플라스틱으로 이미 몸살을 앓고 있습니다.

미세 플라스틱이란 최대 직경 5mm 이하의 작은 플라스틱 입자로, 조각이나 알갱이, 실(섬유) 등 다양한 형태를 띠고 있습니다. 애초에 생산 단계에서부터 미세한 알갱이로 만들어진 것을 '1차 미세 플라스틱', 외부 힘에 의해 부서지거나 마모되어 생겨난 것을 '2차 미세 플라스틱'이라고 해요. 미세 플라스틱 중에서도 최대 직경이 1mm 이하인 것을 '마이크로비즈(microbeads)'라고 하는데, 1차 미세 플라스틱은 대부분 마이크로비즈랍니다.

미세 플라스틱은 우리 주변에서 흔히 볼 수 있어요. 먼저 1차 미세 플라스틱은 알갱이 형태로 각질과 치석 등을 제거하는 역할을 하기 때문에, '자외선 차단제, 바디 워시, 헤어 젤, 치약, 비누, 스크럽제' 등 각종 미용·위생 용품을 제조하는 데 사용돼요. 석유화학제품인 폴리에틸렌, 폴리프로필렌, 폴리스틸렌 등을 원료로 하죠. 한편 2차 미세 플라스틱의 대표적인 예로는 파손된 스티로폼 알갱이, 마모된 타이어 가루, 세탁 시 합성섬유에서 떨어져 나온 실 등을 들 수 있어요.

연안 지역에 크기가 5mm보다 작은 플라스틱이 떠다닌다는 사실은 1970년대에 처음 알려졌어요. 이후 2004년 영국의 한 과학자가 현미경 수준에서 겨우 식별되는 미세한 플라스틱이 해양에 점차 증가하고 있다는 논문을 《사이언스》지에 발표하면서 많은 사람들에게 알려지게 됐죠. 그로부터 4년 뒤인 2008년 미국 워싱턴대학에서 열린 해양 환경 포럼에서 처음으로 미세 플라스틱을 주제로 한 발표회가 열렸습니다. 이곳에서 미세 플라스틱이 해양에 다량으로 존재할 뿐만 아니라,

입자의 체류 시간이 매우 길며 해양 생물이 미세 플라스틱을 먹을 수도 있다는 놀라운 사실이 밝혀졌어요. 그동안 미세 플라스틱의 영향력을 간과하고 있던 학계에서는 엄청난 파문이 일었답니다.

플라스틱의 뼈대인 중합체*는 일반적으로 독성을 띠지 않는 것으로 알려져 있습니다. 그러나 플라스틱 기능을 향상시키기 위해 첨가하는 가소제** 같은 화학물질에는 암을 일으키는 중금속과 환경호르몬이 포함되어 있는 경우가 많아요. 또 플라스틱은 소수성(물과의 친화력이 적은 성질) 물질이기 때문에 주변의 유기 오염 물질까지 자석처럼 끌어당깁니다. 플라스틱이 쪼개져 크기가 작아질수록 주변 환경과 접하는 표면적이 넓어지므로 더 많은 오염 물질을 흡착하게 되죠.

따라서 바다로 흘러든 플라스틱은 파도와 햇볕에 의해 잘게 쪼개질수록 인류에게 큰 위협이 되고 있어요. 그런데도 육지의 폐수 처리 장치는 미세 플라스틱을 걸러 내는 기능을 전혀 하지 못하고 있습니다. 플라스틱 신소재를 개발하는 속도는 매우 빠르지만 이로부터 환경을 지키는 제도나 장비는 아직 걸음마 수준인 거예요. 이에 1차 미세 플라스틱의 제조 및 수입을 금지하는 정책이 세계 곳곳에서 실시되고 있습니다. 하지만 더 큰 문제는 절대적인 비중(약 95%)을 차지하는 2차 미세 플라스틱이에요. 이는 인간의 삶에 깊숙이 퍼져 있는 플라스틱 사용 자체를 대폭 줄여야 한다는 근본적인 숙제를 안고 있습니다.

---

* 분자가 포개어 합쳐져 이루어진 화합물. 염화비닐, 나일론 따위가 있다.
** 가공성·유연성을 높이기 위해 합성수지나 합성 고무 따위의 고체에 첨가하는 물질.

멸치는 왜 플라스틱을 먹이로 착각할까?

해양 생태학자들의 연구에 따르면, 먹이사슬의 바닥에 있는 플랑크톤부터 플랑크톤을 먹고사는 어류와 해양 포유류에 이르기까지 모든 생물들이 미세 플라스틱을 섭취하는 것으로 나타났습니다. 미국 해양대기청(NOAA)의 연구 결과, 바다에서 일주일 이상 떠다닌 미세 플라스틱은 각종 조류와 세균으로 뒤덮여 먹이와 비슷한 냄새가 나는 것으로 밝혀졌어요. 실제로 깨끗한 미세 플라스틱과, 바다에서 건져 올린 미세 플라스틱이 담긴 수조에 멸치를 넣어 3주간 관찰했더니 멸치가 대부분 후자만 먹어 치웠죠.

미세 플라스틱이 해양 생물의 몸에 들어가면 체내에 물리적인 상처를 입히는 것은 물론 소화 활동을 방해하고 섭식 장애 등 부작용을 일으킬 수 있어요. 크기가 나노미터(1미터의 10억분의 1) 수준으로 작을 경우에는 세포벽을 통과해 내장뿐만 아니라 뇌와 태반 등 모든 기관으로 침투합니다. 이는 성장이나 번식 장애를 불러오고 심지어 죽음에 이르게 할 수도 있답니다.

그런가 하면 작은 해양 생물에 축적된 미세 플라스틱은 먹이사슬을 거치며 농축되어 플라스틱을 직접 섭취하지 않은 더 큰 동물에게 피해를 줍니다. 그런 생물을 먹는 인간에게도 그 피해가 고스란히 전해지죠. 우리나라의 경우 경남 거제와 마산 일대의 양식장과 가까운 바다에서 잡은 굴, 홍합, 게, 갯지렁이 가운데 97%에서 미세 플라스틱이 발견됐어요. 국제 환경보호 단체 그린피스에 따르면, 우리가 해산물을 통해 섭취하는 미세 플라스틱의 양은 1인당 한 해 최대 1만 1,000점에 달한다고 합니다.

　유기 오염물이나 중금속 같은 유해 물질은 물이나 음식을 통해 체내로 들어온 뒤 분해되지 않고 몸속에 오랫동안 남아 있어요. 특히 유해 물질이 먹이사슬을 거쳐 전달되면 그 농도가 높아지는 경향이 나타나는데, 이를 '생물농축'이라고 부릅니다. 예를 들어, 미세 플라스틱을 먹은 플랑크톤을 멸치가 잡아먹고 멸치를 오징어가, 오징어를 고래가 먹는다면 어떻게 될까요? 멸치는 배를 채우기 위해 단 한 마리의 플랑크톤만 잡아먹는 게 아니라 훨씬 많은 양을 먹을 겁니다. 마찬가지로 오징어 역시 많은 양의 멸치를 잡아먹게 되겠죠. 가장 상위 포식자인 고래는 또 어떤가요. 입을 크게 벌려 닥치는 대로 오징어를 집어 삼킬 거예요. 결국 플랑크톤 단계에서는 미량이었지만 고래에는 엄청난 양의 미세 플라스틱이 농축될 수 있어요. 특히 육지의 오염물이 많이 배출되는 연근해에서 생물농축 현상이 가장 심각하다고 합니다. 건강을 위해 즐겨 먹는 굴이나 조개, 홍합, 생선이 어쩌면 매우 위험한 음식일 수 있다는 거예요.

　미세 플라스틱 외에 생물농축을 일으키는 대표적인 유기 오염 물질에는 어떤 것들이 있을까요? 대표적인 것에는 육각형 고리 모양의 분자구조를 가진 '방향족 화합물'이 있어요. 이는 몸속 지방에 녹아 축적되기 때문에 아무리 물을 많이 마셔도 빠져나가지 않죠. 과거 농약으로 사용된 DDT와 1급 발암물질인 다이옥신 등이 여기에 해당됩니다. 특히 DDT는 먹이사슬을 거치면 농도가 1,000만 배 가까이 높아지는 것으로 조사됐어요. 이는 독성이 강해 수십 년 전에 사용이 금지되었지만, 아직까지도 사람들의 몸속에서 검출되고 있다고 하니 정말 등골이 서늘해지지 않나요?

수은이나 카드뮴, 납 등과 같은 중금속 역시 생물농축을 일으켜 무시무시한 재앙을 불러올 수 있습니다. 1932년 일본 미나마타에 위치한 비료 공장에서 수은 성분의 폐수를 바다에 그대로 흘려보냈습니다. 수은은 플랑크톤과 작은 물고기를 거쳐 먹이사슬 꼭대기까지 전달됐고, 수산물을 즐겨 먹던 주민들은 심각한 수은중독에 시달렸어요. 손발이 저려 걷기 어려워지고, 경련과 정신착란까지 일으켰죠. 또한 중증 환자 절반이 3개월 만에 목숨을 잃었어요. 그러나 공장에서 잘못을 인정하지 않는 바람에 1968년에 이르러서야 일본 정부는 공식적으로 이를 수은에 의한 환경성 질환으로 인정했고, '미나마타병'이라는 이름도 붙였습니다.

이처럼 생물농축으로 발생하는 질병은 정확한 원인을 입증하는 데 오랜 시간이 걸립니다. 대부분의 환경성 질환이 그렇듯, 생물농축에 따른 미세 플라스틱의 위험성을 밝히는 것은 결코 쉬운 일이 아니에요. 해양 생물에 축적된 미세 플라스틱이 인체에 어떤 영향을 미치는지 추가적인 연구가 필요한 상황이랍니다.

미세 플라스틱을 잡아라!

앞서 이야기한 것처럼 치약, 샴푸, 화장품, 바디 워시 등 우리가 일상생활에서 사용하는 수많은 제품에는 미세 플라스틱이 포함되어 있습니다. 지금까지 모르고 사용해 왔다면 앞으로는 제품을 구매하기 전에 먼저 해당 제품에 미세 플라스틱이 들어 있는지 따져 볼 필요가 있어요.

여성환경연대 홈페이지(ecofem.or.kr)에는 미세 플라스틱이 포함되어 있는 화장품 브랜드와 제품명이 공개되어 있습니다. 2015년 이후로 계속해서 업데이트되고 있으니 사이트에 직접 들어가 살펴보는 것을 추천합니다. 또한 소비자로서 미세 플라스틱을 원하지 않는다는 메시지를 확실하게 전달할 필요도 있습니다. 만약 미세 플라스틱이 포함되어 있는 제품을 가지고 있다면 해당 회사에 반품을 요구하는 식으로 말이에요.

한편 '유니레버'와 '존슨앤드존슨' 등 세계적인 기업들은 앞다퉈 자사 제품에서 마이크로비즈를 제외하겠다고 발표해 주목을 끌었어요. 이들은 마이크로비즈의 대체제로 견과류 껍데기나 씨앗, 설탕 등을 사용하고 있죠. 국내에서도 대한화장품협회가 마이크로비즈의 사용을 중단하도록 권고하는 규약을 만들었고, 55개 화장품 기업이 동참하겠다는 의사를 밝혔습니다.

하지만 기업의 자율적인 노력만으로는 미세 플라스틱의 획기적인 감소를 기대하기 어렵습니다. 기업이 내부적으로 미세 플라스틱 관련 정책을 마련한다고 해도 정책에 대한 정의 방식이나 적용 범위가 제각각이라는 문제가 있기 때문입니다. 이는 결국 문제를 근본적으로 해결하는 데에는 별 효과가 없는 미온적 태도에 지나지 않죠. 정부가 나서서 더욱 강력한 규제를 마련하지 않는 한 미세 플라스틱으로 인한 환경문제를 해결하는 일은 불가능해 보입니다.

미세 플라스틱의 심각성을 인식하고 가장 먼저 행동에 나선 국가는 미국이에요. 미국은 지난 2015년 12월 '마이크로비즈 청정 해역 법안'을 통과시켰습니다. 물에 씻겨 나가는 모든 제품에서 마이크로비즈 사용을 전면 금지한다는 내용이었죠. 또한 올해부터 미세 플라스틱이 들어간 모든 제품의 생산 자체를 금지할 계획이라고 해요.

미국에 이어 최근 캐나다와 영국, 타이완 정부도 마이크로비즈를 법적으로 규제하겠다고 밝혔습니다. 캐나다의 경우 이미 온타리오주 정부가 '마이크로비즈 사용 감시 및 금지 법안'을 통과시켰고 마이크로비즈 오염도를 매년 측정할 것을 제안했어요. 또 마이크로비즈를 독성 물질 목록에 공식적으로 포함시켜 캐나다 전역에서 규제하기 위한 절차도 밟고 있습니다.

우리나라도 2017년 7월부터 미세 플라스틱이 함유된 화장품의 생산 및 수입을 전면 금지시켰습니다. 이보다 앞선 2015년에는 양식장에 스티로폼 알갱이를 배출하지 않는 친환경 부표 보급 사업을 진행하기도 했죠.

사실 미세 플라스틱 사태 이전에도 세계 각 나라는 이미 플라스틱에 대한 환경 규제를 실천해 왔습니다. 영속성을 지닌 플라스틱이 얼마나 큰 환경문제를 불러오는지에 대해 사회적 공감대가 형성됐기 때문이죠. 우리나라만 해도 마트나 백화점에서 비닐봉투를 무상으로 제공하지 못하도록 법이 바뀐 뒤로는 장바구니를 들고 다니는 풍경이 일상이 되었습니다.

사람들의 생각이 바뀌면 법이 바뀌고, 법이 바뀌면 사람들의 일상이 바뀌듯 모든 것은 서서히 바뀔 수 있어요. 플라스틱보다 더 작은 미세 플라스틱, 그리고 마이크로비즈까지 새로운 적이 출몰할수록 우리가 변화하는 속도도 더 빨라져야 하지 않을까요?

적정기술,
모두를 위한
착한 기술

항아리를
냉장고를
만든다고?

우리가 사용하는 가전제품 가운데 없으면 가장 불편할 것 같은 제품은 무엇일까요? 뭐니 뭐니 해도 냉장고가 으뜸이지 않을까 합니다. 이는 옛사람들도 마찬가지여서, 이미 기원전 3000년경부터 메소포타미아 지방에서는 겨울에 얼음을 보관하여 여름에 사용하곤 했죠. 그뿐 아니라 고대 이집트에서는 이미 증발 냉각 효과를 이용해 와인이나 물 등을 시원하게 만들었다는 기록이 있습니다. 기원전 2500년경에 그려진 고대 이집트 벽화를 보면 항아리에 부채질하는 장면이 있어요. 항아리 표면의 물을 빨리 증발시켜 항아리 내부가 시원해지도록 만들기 위해서였죠. 이 원리를 이용해 만든 것이 '항아리 냉장고'입니다. 항아리 냉장고는 1990년대에 나이지리아의 교사 '모하메드 바 아바'가 발명한 것으로, 진흙으로 만든 두 개의 항아리 사이에 젖은 모래를 넣은 간단한 구조로 되어 있어요. 항아리 냉장고 덕분에 전기 공급이 되지 않는 아프리카 농촌 사람들이 신선한 채소와 과일을 먹을 수 있게 되었죠. 그리고 농작물이 상할까 봐 매일 시장에 농작물을 팔러 가던 아이들도 이젠 학교에 갈 수 있게 되었답니다.

전기가 들어오지 않는 지역에서는 모든 가사노동을 사람의 힘에 의지할 수밖에 없습니다. 그렇다면 가사노동 가운데 가장 힘든 일은 무엇일까요? 매일매일 삼시세끼 먹을 음식을 만들고 빗자루와 걸레를 들고 다니며 구석구석 청소하는 것도 힘들겠지만, 빨래를 이길 수는 없을 겁니다. 저개발 국가에서는 좁은 공간에서 3대, 4대가 같이 사는 경우가 많아요. 그 많은 빨래를 수돗가에 앉아서 하나하나 빤다는 건 한없이 고되고 지난한 작업이라 할 수 있죠. 따라서 빨래로 고통받고 있는 저개발 국가의 여성이나 아이들을 위해 발명된 것이 있는데, 바로 '페달 세탁기'입니다. 형태와 원리는 기존 세탁기와 비슷해요. 전기 없이 페달을 밟기만 하면 세탁기 안의 통이 돌아가면서 빨래가 되죠. 무엇보다 일반 세탁기보다 사용 시간이 짧고, 물이 적게 드는 게 장점이라고 해요. 다리 운동도 되고, 에너지도 아끼고, 일석이조의 제품이 아닐까 합니다.

페달만 밟으면 빨래가 저절로?

'라이프스트로(LifeStraw)', 곧 '생명 빨대'라고 불리는 빨대가 있습니다. 빨대는 물 같은 액체를 빨아들이는 데 쓰는 도구일 뿐인데, 왜 그 앞에 '생명'이라는 말이 붙은 걸까요? 그 이유는 이 생명 빨대가 정수기 역할까지 하며 많은 생명들을 살려 내고 있기 때문입니다.

우리는 지금 잘 갖춰진 상수도 시설 덕분에 깨끗한 물을 마시고 있지만, 1950년대만 해도 그렇지 않았어요. 물이나 음식물에 들어 있는 세균에 의하여 전염되는 수인성전염병, 곧 장티푸스와 이질 등이 창궐해 어린이들이 일상적으로 목숨을 잃는 것이 당시 대한민국의 모습이었죠. 그런데 지금 이 시간에도 1950년대의 대한민국처럼 수인성전염병에 의해 많은 사람들이 목숨을 잃는 곳이 있다고 합니다. 바로 극심한 가뭄에 시달리는 아프리카 지역이 그곳입니다.

'작은 것이 아름답다', 적정기술의 시작

흔히 사람들은 첨단 기술을 가장 좋은 것이라고 생각합니다. 전자제품이나 자동차 등도 가장 최근에 출시된 것을 최고로 치고, 병원도 최신식 시설과 장비를 갖춘 곳을 최고의 병원으로 여기죠. 이처럼 많은 사람들이 조금이라도 편안하고 안락한 삶을 살 수 있도록, 많은 연구원들이 밤낮없이 연구에 몰두하고 있답니다.

하지만 첨단 기술은 모두가 사용할 수 있는 기술이 아닙니다. 이를 사용하려면 무엇보다 돈이 있어야 하죠. 스마트폰을 생각하면 쉽게 이해할 수 있을 거예요. 새로운 스마트폰이 출시되면 비싼 값에 팔리다가, 업그레이드된 신형이 나오면 예전 스마트폰 가격은 서서히 떨어지기 시작합니다. 결국 첨단 기술은 이를 누릴 수 있는 돈과 지식, 문화 등이 갖춰지지 않는다면 그림의 떡에 불과해요. 이를 해결하기 위해 시작된 것이 바로 '적정기술(appropriate technology)'입니다. 적정기술이란 빈곤층에게 적절한 도움을 주기 위해 개발된 가장 인간적인 과학기술을 뜻합니다. 사회 공동체의 정치적·문화적·환경적 조건을 고려해 해당 지역에서 지속적인 생산과 소비가 가능하도록 만들어진 기술로, 인간의 삶의 질을 궁극적으로 향상시킬 수 있는 기술이라는 의미에서 '인간의 얼굴을 한 인간적인 기술'로도 불리죠.

적정기술은 경제학자 에른스트 슈마허 Ernst Schumacher 의 주장에서 시작되었습니다. 그는 1973년 출간한 저서 『작은 것이 아름답다』에서 선진국과 제3세계 사이의 빈부 격차 문제를 해결하고 후진국의 발전을 도모하기 위해서는 중간 규모의 기술이 필요하다고 주장했어요. 간디가 이야기한 자립 경제 운동과 불교 철학에서 영감을 받아 '중간기술(intermediate technology)'이라는 개념을 고안한 거예요.

우리가 만약 아프리카의 빈민촌에 반도체 기술을 전해 주려고 한다면, 기반 시설을 설치하는 것부터 그곳 사람들에게 해당 기술에 대한 개념을 이해시키기까지 무척 오랜 시간이 걸릴 거예요. 하지만 우물을 파거나 더러운 물을 정화하기 위한 방법 같은 중간 단계의 기술을 알려준다면 어떨까요? 그 지역 사람들도 기술을 충분히 배울 수 있고, 보다 적은 돈으로 현지의 재료를 활용해서 훨씬 큰 이익을 창출할 수 있을 겁니다.

이처럼 중간기술이란 현지의 재료와 적은 자본, 비교적 간단한 기술을 활용해 그 지역 사람들에 의해 이뤄지는 소규모의 생산 활동을 지향하는 기술입니다. 대단위 자본을 바탕으로 대량의 제품을 생산하는 거대 기술에 비해 훨씬 값싸고 제약이 적으며, 기술이 사용되는 과정에서 인간을 소외시키지 않는다는 특징이 있죠. 한마디로 인간적인 기술이라 할 수 있습니다.

이후 슈마허의 책이 사람들 사이에서 널리 읽히면서, 중간기술을 보급하자는 운동이 활발해지기 시작했어요. 그러면서 일각에서는 '중간'이라는 말이 자칫 기술적으로 완성되지 않은 단계를 의미하거나 첨단 기술보다 열등하다는 느낌을 줄 수 있다는 지적이 나왔죠. 그다음부터 사람들은 중간기술 대신 적정기술이라는 용어를 더욱 많이 쓰게 됐습니다.

소외된 이들에게 눈을 돌리다

1980년대 들어서 적정기술이 성장하는 데는 '적정기술의 아버지' 폴 폴락Paul Polak의 힘이 컸습니다. 그는 1980년대 초반부터 적정기술 보급에 나서서, 전 세계 11개국에서 1,700만 명의 빈민을 구제했죠. 소아정신과 의사였던 그는 빈곤 문제의 심각성을 깨닫고, 적정기술을 보급하는 사회적 기업인 국제개발기업(IDE)을 설립했어요.

폴락이 제일 먼저 찾은 국가는 방글라데시였습니다. 그곳 사람들은 대부분 농사를 지으며 하루 1달러 정도로 생계를 이어 가고 있었어요. 폴락이 그들에게 '어떻게 하면 농사를 지어 지금보다 돈을 많이 벌수 있겠느냐'고 묻자, 그들은 '기후가 건조한 시기인 건기에도 물을 끌어다 농사를 지을 수 있다면 더 많은 돈을 벌 수 있을 것 같다'고 대답했죠. 고민 끝에 폴락은 엔지니어들과 함께 발로 페달을 밟아 작동시키는 간단한 펌프를 개발했습니다.

폴락은 이 페달 펌프를 무료로 제공하지 않고, 최소한의 가격에 판매했어요. 페달 펌프 1대에 8달러, 땅을 파고 우물을 만드는 비용으로 25달러를 받았죠. 그는 그 이유에 대해 우물을 파는 사람, 페달 펌프를 만드는 사람, 수로 파이프를 만드는 사람 등이 모두 각자의 이윤을 남길 수 있기 때문이라고 설명했어요. 그 결과 폴락의 국제개발기업은 방글라데시에서 페달 펌프를 150만 대나 판매하는 대성공을 거뒀어요. 농부들의 연간 소득도 1인당 100달러 이상씩 증가했죠.

이처럼 폴락은 일회적 구호 활동보다는 가난한 이들에게 가장 필요한 기술을 제공·판매함으로써 자립하는 힘을 길러 주는 데 의의를 뒀습니다. 빈곤층을 자선의 대상이 아닌 고객으로 볼 때 지속 가능한 도움이 가능하며, 사회적 기업의 활동 동력도 계속해서 생길 수 있다고 봤기 때문이죠. 이러한 노력을 인정받아, 그는 2005년 '과학에 기여한 최고의 50인' 중 한 명으로 선정되기도 했답니다.

그 뒤 2000년대에 들어서는 제3세계 나라들의 환경과 상황에 맞는 적정기술을 개발하려는 노력이 더욱 활발해졌어요. 그 과정에서 '적정기술이 될 수 있는 10가지 조건'이 마련되기도 했습니다. 그 조건은 다음과 같아요.

1. 적은 비용으로 활용한다.

2. 가능하면 현지의 재료를 사용한다.

3. 현지의 기술과 노동력을 활용해 일자리를 창출한다.

4. 제품의 크기는 적당해야 하고 사용 방법은 간단해야 한다.

5. 특정 분야의 지식이 없어도 이용할 수 있어야 한다.

6. 지역 주민 스스로 만들 수 있어야 한다.

7. 사람들의 협동 작업을 이끌어 내며 지역사회 발전에 공헌해야 한다.

8. 재생 가능한 에너지 자원을 활용한다.

9. 기술을 사용하는 사람들이 해당 기술을 이해할 수 있어야 한다.

10. 상황에 맞게 변화할 수 있어야 한다.

이렇게 적정기술을 보급하는 과정에서 깨닫게 된 사실도 있습니다. 단순히 인도주의적 관점에서 가난한 사람들을 도와주기보다는, 적정기술을 바탕으로 지역민 스스로 수익을 만들어 내고 지속적으로 그 기술을 활용할 수 있게 이끄는 것이 더 효과적이라는 사실을 알게 됐다는 게 그중 하나예요.

적정기술 제품, 최고와 최악은 무엇일까?

그 뒤 많은 이들이 적정기술 제품을 만드는 데 힘을 기울였어요. 사실 적정기술은 거창한 것이 아니어서 누구나 아이디어만 있으면 구현할 수 있습니다. 여기, 적정기술의 베스트로 꼽히는 제품 네 가지가 있습니다. 함께 살펴볼까요?

가장 먼저 살펴볼 제품은 앞서 이야기한 '생명 빨대'입니다. 생명 빨대는 흙탕물을 식수로 바꿔 주는 제품으로, 목에 걸고 다니다 물이 보이면 이를 물에 넣고 빨아들이면 됩니다. 필터를 통해 불순물을 여과한다는 점에서 기존 정수기와 원리는 비슷하지만 전기 공급이나 필터 교체가 필요 없습니다. 생명 빨대로 물을 흡입하면 1차로 섬유 조직의 멤브레인*이 100미크론(1미터의 100만분의 1) 이상의 미세 입자를 걸러내고, 2차로 아이오딘 필터가 강력한 산화력으로 세균과 박테리아를 박멸해요. 마지막으로 활성탄 필터가 물의 신선도를 높이죠. 빨대 하나로 성인 한 명이 1년간 충분한 식수를 공급받을 수 있습니다.

둘째, '항아리 냉장고(Pot-In-Pot Cooler)'가 있습니다. 앞서 살펴본 것과 같이 '항아리 냉장고'는 큰 항아리 안에 작은 항아리를 넣은 뒤 그 틈을 모래로 채워 만듭니다. 뜨거운 날씨에 고온으로 달궈진 모래에 차가운 물을 부으면, 이것이 증발하면서 항아리의 열을 빼앗게 되죠. 물은 기체로 변할 때 주변의 열을 흡수하는데 이를 '기화열'이라고 해요.

---

* 물리적 여과 장치 역할을 하는 필터의 일종. 극도로 미세한 구멍을 통해 불순물을 걸러 낸다.

한여름, 뜨거워진 몸에 젖은 수건을 두르고 있으면 수건이 마르며 몸이 시원해지는 것도 이와 같은 원리입니다. 항아리 냉장고 덕분에 상온에서 이틀이면 상하던 농산물도 1~2주간 신선하게 유지된다고 해요.

셋째, 생존 노동을 극적으로 줄여 준 '큐드럼(Q-Drum)'이 있어요. '큐드럼'은 타이어에 착안해 만들어진 롤러형 물통입니다. 물통 가운데 커다란 구멍이 있어 줄을 끼우고 끌거나 굴릴 수 있죠. 상수도가 설치되지 않은 지역 사람들은 무거운 물통을 머리에 이고 다니는 극한 노동이 일상이에요. 물건을 머리에 짊어지면 그 무게가 온몸을 짓눌러 척추에 무리가 오고, 많은 에너지가 소모되죠. 큐드럼은 힘을 덜 들이면서도 기존 물통보다 5배나 많은 물을 운반할 수 있게 해 줘요. 그 덕분에 아이들의 학교 출석률과 진학률이 증가했죠.

넷째, 빈민층에게 밝은 빛을 선물한 '페트병 전등(A Liter Of Light)'을 들 수 있습니다. 주변에서 쉽게 구할 수 있는 페트병에 물을 가득 채운 뒤 표백제만 넣으면, 전기 없이도 밝게 불을 밝힐 수 있죠. 사용법은 지붕에 구멍을 뚫고, 3분의 1 정도만 지붕 밖으로 나오게 똑바로 꽂아 놓으면 됩니다. 페트병 전등은 해가 떠 있을 때 약 55와트(W)의 빛을 낼 수 있는데, 그 원리는 다음과 같아요. 태양이 지붕의 페트병에 내리쬐면, 빛이 페트병에 담긴 물에 부딪혀 산란해 확산됩니다. 물속에 든 표백제는 이 산란 작용을 배가시켜 빛을 내는 역할을 하게 되죠. 그 덕분에 창이 없어 낮에도 어두웠던 빈민 가옥이 환해질 수 있었어요.

그런데 적정기술 제품 가운데는 실패한 것도 많습니다. 대표적인 것이 교육 혁명을 가져다줄 것으로 예상했던 '저가 컴퓨터'입니다.

2011년, 인도에서는 세계에서 가장 싼 태블릿 PC '아카시'가 출시되었습니다. 겨우 35달러(약 4만 1,000원)면 7인치 터치스크린에 구글 안드로이드 운영 체제(OS)를 탑재한 컴퓨터를 가질 수 있었죠.

인도 정부는 이 제품을 인도 학생들에게 1,000만 대 정도 공급하기로 하는 등 큰 기대를 걸었어요. 특히 저소득층도 IT 기술을 배울 수 있는 좋은 기회가 될 거라는 생각 아래, 선주문만 140만 대에 이르는 등 큰 호응을 받았죠. 그러나 배터리 유지 시간이 3시간이 채 안 되는 데다, 핵심 기능인 터치스크린이 잘 작동하지 않아 큰 문제가 되었어요. 결정적으로 와이파이(Wi-Fi) 환경에서만 작동되어 통신이 발달하지 않은 인도 대부분의 지역에서는 사용하기 힘든 제품이었죠. 적정기술 제품이 성공하려면 지역에 대한 세심한 이해가 필수라는 걸 새삼 확인시켜 준 사례였습니다.

그 밖에 놀면서 물을 퍼 올리도록 고안된 '플레이펌프(Playpump)'도 대표적인 실패 사례로 꼽힙니다. 세계보건기구(WHO)에 따르면, 오염된 식수로 병을 얻어 사망하는 아이가 전 세계에서 8초당 한 명 꼴로 발생한다고 해요. '플레이펌프'는 깨끗한 지하수를 끌어 올리는 적정기술 제품으로 회전 기구와 대형 펌프가 결합되어 있죠. 일명 '뺑뺑이'라 불리는 회전 기구에 아이들이 올라타 빙빙 돌면, 이때 생기는 동력으로 지하수가 흘러나와 물탱크로 모이게 됩니다. 힘든 펌프질을 놀이로 대체한다는 획기적인 아이디어로, 1,000여 내 넘게 공급됐죠. 그렇지만 결과는 참담한 실패! 아이들이 회전 기구에 관심을 보이지 않은 데다 펌프 기능에도 문제가 있어 거의 폐기 처분되고 말았답니다.

적정기술을 넘어 대안 기술로

적정기술 운동은 제3세계의 빈곤 문제를 해결하기 위해 처음 태동했어요. 무조건적인 원조를 넘어 자립할 수 있는 지속 가능한 기술을 제3세계에 전수해 주려는 것이 그 목적이었죠. 하지만 산업화로 환경 문제가 심각해지자 선진국에서도 적정기술에 관심을 갖기 시작했어요.

가장 먼저 1970년대 석유파동으로 에너지 문제를 고민하던 미국이 1976년 국립 적정기술센터를 설립했어요. 한 번 쓰고 버리는 소모적인 화석 에너지 대신 지속 가능한 대안 에너지로 눈을 돌린 거죠. 이 센터의 첫 성과물은 바로 백악관에 설치된 태양광 패널로, 이로 인해 무한에 가까운 태양빛으로 전기를 만들 수 있었습니다. 이는 중앙 집권적인 전력 시스템이 아니라 각 지역에 맞는 방식으로 적당한 양의 전기를 생산하기 때문에 적정기술의 정신과 잘 부합했죠. 그 후 종일 땡볕이 쏟아지는 지역에서는 태양광을, 바람이 강한 곳에서는 풍력을, 화산 지대에서는 지열 등을 대안 에너지로 활용하자는 움직임이 일어났답니다.

대안 기술 운동은 환경 파괴에 대한 위기의식이 점차 높아지면서 더욱 생명력을 얻고 있습니다. 자원 낭비와 생태계 파괴를 막는 기술을 개발하기 위해 전 세계가 함께 노력해야 한다는 주장이 나오고 있죠. 특히 국제연합은 개발과 보존 사이의 균형을 이루면서 사회적·환경적으로 지속 가능한 개발을 추진하자는 '새천년 개발 목표(MDGs, Millenium Development Goals)'를 제시하기도 했답니다.

한편 적정기술보다 조금 넓은 개념으로 '유니버설 디자인(universal design)'이라는 것도 있습니다. 우리말로 '보편적 설계'로 번역될 수 있는 유니버설 디자인은 연령이나 성별, 국적, 장애 유무와 관계없이 누구나 편하고 안전하게 이용할 수 있도록 설계된 디자인을 의미해요. 그래서 '모두를 위한 디자인(Design for All)'이라 불리기도 한답니다.

유니버설 디자인은 미국 노스캐롤라이나대학 교수이자 건축가인 로널드 메이스Ronald Mace에 의해 널리 알려진 개념입니다. 그는 1급 소아마비를 앓고 있던 중증 장애인으로, 자신의 경험을 통해 장애를 지닌 사람도 쉽게 접할 수 있는 유니버설 디자인을 고안했죠. 장애인을 위한 이동식 경사로나 저상 버스, 노인을 위한 좌석, 손톱깎이 등 우리 주변에서도 유니버설 디자인 제품을 쉽게 찾아볼 수 있습니다.

적정기술에 대한 몇 가지 오해

끝으로, 사람들이 적정기술에 대해 갖고 있는 오해에 대해 살펴보겠습니다. 흔히 적정기술은 인간적이고 친환경적이라는 점에서 첨단기술과 반대되는 개념으로 여겨지곤 합니다. 그러나 대부분의 적정기술 전문가들은 첨단 기술 역시 적정기술의 일부로 적극 받아들여야 한다고 말해요. 최근 적정기술에 활발하게 접목되고 있는 정보 통신 기술을 떠올리면 이해하기 쉬울 거예요. 제3세계 빈곤 및 질병 문제를 효과적으로 해결하기 위해 인공지능이나 빅데이터 기술이 적용된 적정기술 제품들이 계속해서 개발되고 있거든요.

2009년에 만들어진 적정기술 단체인 '국경 없는 과학기술자회'에서는 '몽골의 사막에 사는 사람들이라도 휴대전화는 다 가지고 있다'며, '질환이 있는 사람이 휴대전화로 아픈 부위의 사진을 찍어 올리면 외국에 있는 의사가 약을 보내 주는 기술이 이미 개발되어 있다'고 말했어요. 이처럼 첨단 정보 통신 기술을 적정기술에 접목할 수 있는 방법은 무궁무진합니다. 일각에서는 극단적으로 첨단 기술을 아예 배척하고 단순한 장비만 사용할 것을 주장하기도 하지만, 과연 어느 쪽이 더 도움을 줄 수 있을지는 조금만 생각해 봐도 쉽게 알 수 있을 거예요.

그리고 꼭 적정기술이 아프리카나 몽골 같은 지역에 사는 사람에게만 필요한 것도 아닙니다. 적정기술이 필요한 사람들은 우리 주변에도 많이 있어요. 이에 서울대 적정기술 동아리에서는 난방 텐트 전문 업체의 도움을 받아 소외 계층에게 꼭 필요한 텐트를 만들었습니다. 비좁은 방에도 설치할 수 있으며, 노인들도 쉽게 만들고 해체할 수 있게 했죠.

그뿐 아니라 적정기술은 가난한 이웃만을 위한 기술도 아니에요. 저비용이면서 저에너지, 환경 친화적인 속성 때문에 경제적 여건과 무관하게 소박하고 대안적인 삶을 위한 수단으로도 활용되고 있답니다. 따라서 인터넷 커뮤니티에서도 적정 기술을 공유하고 정보를 교환하는 모임이 많이 생겨나고 있어요. 또 최근 대안 농업으로 떠오르고 있는, 자체적으로 유지되는 순환 농업을 지향하는 '퍼머컬처(permaculture) 운동'도 적정기술의 정신을 실현하려는 대표적인 사례라 할 수 있답니다.

환경호르몬,
재앙이 되어
지구를 습격하다

맨손으로
영수증을 만지면
어떤 일이
생길까?

친구와 즐거운 마음으로 편의점에 가서 맛있는 아이스크림을 사 먹고 돈을 내밀었어요. 그러자 편의점 직원이 이렇게 물었죠. "영수증 드릴까요?" '나'는 무심결에 영수증을 받아들고 만지작거리다가 주머니에 넣었습니다. 과연 영수증을 받아든 '나'한테는 어떤 일이 생길까요? 2018년, 서울대 보건대학원 최경호 교수팀은 마트에서 일하는 여성 계산원 54명을 대상으로 '영수증(감열지) 취급에 따른 소변 내 비스페놀 A의 농도'를 조사했어요. 그 결과 "영수증을 맨손으로 만지는 것만으로도 환경호르몬인 '비스페놀 A'의 체내 농도가 2배 높아진다"는 결론을 내렸죠. 비스페놀 A는 인체에 들어가면 내분비 시스템을 교란하는 환경호르몬 중 하나로, 영수증이나 대기표 등으로 쓰이는 감열지를 만들 때 사용됩니다. 특히 로션을 바른 손으로 영수증을 만지면 비스페놀 A가 더 잘 흡수된다고 해요. 그러니 마트나 편의점에서 일하는 직원들은 되도록 장갑을 착용하고, 고객들은 영수증을 받지 않거나 불가피하게 받더라도 재빨리 폐기하는 게 좋다고 합니다.

1966년, 매사추세츠병원에 근무하던 산부인과 의사 허브스트와 올펜더는 16세 소녀의 생식기에서 투명세포선암이라는 희귀 암을 발견합니다. 그 뒤 1970년까지 같은 병원에서만 15~22세 사이 여성 7명에게서 똑같은 병을 발견하자 두 사람은 그 원인을 추적하죠. 결과는 충격적이었습니다. 1940년부터 1971년까지, 미국과 유럽 여러 나라에서는 약 600만 명의 임신부들이 유산 방지를 위해 디에틸스틸베스트롤(diethylstilbestrol, DES)을 복용했어요. 그런데 이들이 낳은 여자아이들에게서 자궁암·불임·성조숙증 등 심각한 문제가 발생한 거예요. 남자아이들도 예외는 아니어서, 고환암이나 잠복고환 등 비뇨기·생식기 장애를 겪을 확률이 높은 것으로 나타났죠. 이때 임신 중 DES를 복용한 어머니에게서 태어난 아이를 'DES daughters', 'DES sons'이라고 부릅니다. 그 뒤 DES는 판매가 중지되었고, DES daughters들은 DES 제조업체를 상대로 엄청난 규모의 소송을 제기해 승소했다고 합니다.

환경호르몬이 인간에게 유해하다는 사실이 알려진 첫 사례는?

해마다 어린이날이 다가오면 각 정부 기관에서는 어린이 제품에 대해
유해 물질 검사를 실시하곤 합니다. 그런데 매해 결과는 변함이 없습니
다. 안타깝게도 '환경호르몬'의 한 종류인 프탈레이트계 가소제가 계속
해서 검출되고 있는 거죠. 2017년 환경부 조사에서는 지우개, 필통, 캐
릭터 시계 등 총 63개 제품에서 환경호르몬인 프탈레이트 성분이 검출
됐습니다. 2018년 산업통상자원부 조사에서는 완구류 15개 제품에서
기준치보다 최소 1.3배에서 최대 2,473.3배 높은 납, 카드뮴, 프탈레이
트계 가소제 등이 검출됐죠. 2019년 관세청 조사에서는 프탈레이트계
가소제가 기준치보다 최소 14배, 최대 220배까지 함유된 수입 완구와
학용품 13만 점이 적발됐다고 합니다. 우리가 손으로 자주 만지고, 몸
에 늘 착용하는 학용품과 완구, 시계에서 환경호르몬이 검출됐다니, 혹
시 내 몸속에 환경호르몬이 축적된 건 아닌지, 또 앞으로 어떤 제품을
사용해야 할지 고민이 되지 않을 수 없습니다.

환경호르몬의 역습

환경호르몬은 우리 몸속에 들어가 진짜 호르몬 대신 몸속 세포

물질과 결합해 생리작용의 균형을 무너뜨리고, 건강에 악영향을 미치는 화학물질이에요. 각종 화학약품이나 플라스틱 제품 등은 인간에게 편리함을 가져다주는 동시에 환경호르몬을 배출해 여러 문제를 일으키고 있죠.

호르몬이란 동물의 내분비샘에서 분비되는 체액과 함께 체내를 순환하여, 다른 기관이나 조직의 작용을 촉진·억제하는 물질을 통틀어 이르는 말이에요. 이는 발육이나 체온 조절, 백혈구 생성 등을 돕죠. 호르몬이라는 말은 1905년 영국의 생리학자인 에른스트 스탈링[Ernest H. Starling]이 처음 사용한 것으로 알려져 있어요. 참고로 호르몬은 '자극하다' 또는 '움직이게 하다'라는 뜻을 지닌 그리스어 '호르메(horme)'에서 유래했답니다.

호르몬은 뇌의 뇌하수체와 목의 갑상샘에서 만들어져요. 또 신장 근처에 있는 부신과 이자를 비롯해 생식기관인 정소와 난소에서도 생성됩니다. 이처럼 신체의 각 부위에서 만들어지는 호르몬의 양이 정상치보다 많아지거나 적어지면 우리 몸에 이상이 생길 수 있어요. 예를 들어 뇌하수체에서 분비되는 생장호르몬이 부족하면 소인증, 많으면 거인증이나 말단비대증을 유발할 수 있죠. 또 갑상샘의 기능이 떨어져 티록신이 적게 분비되면 추위나 더위에 보다 민감해지고 체중이 변화하는 등 몸의 균형이 깨질 수 있습니다. 이자에서 분비되는 인슐린이 부족하면 당뇨병에 걸릴 수 있고요.

그런데 우리 몸을 교란시키는 가짜 호르몬이 있습니다. 바로 우리 몸속에 들어가 진짜 호르몬 대신 몸속 세포 물질과 결합해 생리작용의 균형을 무너뜨리고, 건강에 악영향을 미치는 화학물질 '환경호르몬'이에요. 산업화가 진행되면서 우리 주변에는 과거에 없었던 수많은 화학물질들이 생겨났어요. 약 10만 종에 이르는 화학물질들 가운데 어떤 것들은 몸속에 들어올 경우 정상적인 호르몬의 작용을 방해하면서 내분비계 혼란을 일으킵니다. 이 같은 물질을 통틀어 '환경호르몬', 혹은 '내분비계 교란 물질'이라고 하죠. 현재 환경호르몬으로 공식적으로 분류되는 화학물질들은 무려 100여 종에 이릅니다. 다이옥신, DDT(dichloro-diphenyl-trichloroethane), 프탈레이트, 중금속, 비스페놀 A 등이 대표적인 예죠.

환경호르몬 문제는 세계 여러 나라에서 논란이 되었습니다. 1980년 미국 플로리다주의 호수에 사는 수컷 악어의 생식기 크기가 정상에 비해 절반 정도로 작아진 것이 확인됐는데, 그 원인이 자연에 살포된 살충제 DDT 때문인 것으로 밝혀졌어요. 또 1998년 일본수산학회는 도쿄 외곽에서 잡힌, 환경호르몬에 노출된 수컷 잉어의 약 30%에서 정소 이상이 발견됐다는 논문을 발표하기도 했습니다. 이와 함께 남성의 정자 수가 급격하게 감소하고 있다는 사실도 보고됐죠.

우리를 위협하는 환경호르몬

환경호르몬 문제가 논란이 되면서, 전 세계적으로 그 심각성이 대두되었습니다. 한번 배출된 환경호르몬은 수십 년이 지나도 사라지지 않고 생물체 내에 평생 축적될 수 있다는 사실이 널리 알려지며, 환경호르몬에 대한 규제의 목소리가 점점 높아지고 있죠. 그러면 우리 주변에서 흔히 볼 수 있는 환경호르몬에는 어떤 것들이 있는지 살펴보겠습니다.

가장 먼저, 살충제로 유명한 'DDT'가 있습니다. DDT는 6각형의 벤젠 고리 2개와 염소가 결합한 유기 염소 화합물로, 1874년 호주의 화학자인 자이들러[O. Zeidler]가 처음 합성했어요. 하지만 그는 이 물질이 살충 효과를 갖고 있는지 알지 못했죠. 그 뒤 1939년 스위스의 과학자 뮐러[P. H. Müller]가 DDT가 곤충의 신경세포 안으로 침투해 생체 신호를 막아 강력한 살충 작용을 한다는 것을 밝혀냈어요. 곧 논밭의 해충들을 없애주는 것은 물론, 이[蟲]가 옮기는 티푸스나 모기로 인한 말라리아 퇴치에도 큰 효과가 있다는 사실을 알아낸 거죠. 그 공로로 뮐러는 1948년에 노벨 생리 의학상을 받았고, 세계보건기구(WHO) 등에서도 DDT의 사용을 적극 권장했습니다.

하지만 1962년 레이첼 카슨[Rachel Carson]의 저서 『침묵의 봄』이 출간되면서 상황은 완전히 바뀌기 시작했습니다. 당시 레이첼 카슨은 『침묵의 봄』에서 많은 사람들이 신의 선물이라 여기며 널리 사용하던 DDT 등의 화학 살충제가 실제로는 생태계를 참혹하게 파괴한다고 주장했어요. 그로 인해 동물들이 사라지고 자연이 파괴되면 결국 인류에게도 악영향을 미쳐, 우리는 '침묵의 봄'을 맞이하게 될 거라고 강조했죠. 레이첼 카슨이 알린 DDT의 폐해는 심각합니다. 한번 배출된 DDT는 먹이사슬을 통해 인간에게까지 전달되고, 이후 오랜 기간 축적되죠. DDT의 반감기는 2~15년으로 매우 긴 편이거든요. 그 결과 인체의 내분비계통에 이상을 가져올 뿐만 아니라 암을 유발할 수도 있다는 사실이 밝혀진 거예요.

『침묵의 봄』이 발간된 직후, 미국 정부는 환경문제를 다룰 자문 위원회를 구성했고, 시민들 사이에서는 DDT 사용 금지를 촉구하는 운동이 일어났어요. 현재 대부분의 나라에서는 DDT를 농약으로 사용하는 것을 금지하고 있죠. 그러나 일부 개발도상국에서는 당장 말라리아나 뎅기열* 같은 질병으로 사망하는 사람들이 더 많다고 판단해 여전히 DDT를 사용하고 있답니다.

둘째, 인간이 만든 물질 가운데 가장 위험한 독성 물질로 꼽히는 '다이옥신'도 꼭 알아야 할 환경호르몬입니다. 다이옥신은 플라스틱·담배의 연소나 종이의 표백, 화학 합성 등의 과정에서 발생하는 유기 염소 화합물입니다. 그 종류만 200여 가지로 여러 가지 상태의 물질로 존재하는데, 독성이 청산가리보다 무려 1만 배나 강하죠. 다이옥신은 음식물 섭취나 호흡을 통해 주로 유입되는데, 발육과 생식, 면역 기능에 장애를 일으키고 암을 유발하는 것으로 알려져 있습니다. 또 태아의 기형을 일으킬 가능성도 있어요.

셋째, 새집증후군을 유발하는 '포름알데히드'가 있어요. 포름알데히드는 자극적인 냄새를 갖는 무색 기체로, 새집증후군의 주요 원인이 되는 물질이에요. 주로 접착제나 페인트, 플라스틱 제품 등에서 배출되어 피부염, 소화기 및 호흡기 장애, 불면증과 경련, 근육 약화를 불러올

---

* 열대나 아열대 지방에서 많이 볼 수 있는 바이러스로 인한 전염병. 모기를 통해 전염되며, 발열, 심한 두통, 근육통, 백혈구 감소 따위의 증상이 나타난다.

수 있죠.

넷째, '프탈레이트'도 알아 두어야 할 환경호르몬 가운데 하나입니다. 프탈레이트는 앞서 장난감에 많이 들어 있다고 이야기했죠. 프탈레이트는 플라스틱을 부드럽게 하기 위해 사용하는 화학 첨가제로, 특히 폴리염화비닐(PVC)을 부드럽게 하는 데 많이 사용됩니다. 따라서 화장품, 장난감, 세제, 목재 가공 및 향수의 용매, 가정용 바닥재 등에 이르기까지 광범위하게 쓰이죠. 독성이 있어 불임이나 정자 수 감소를 일으키는 등 생식기관에 치명적이라는 사실이 밝혀져 현재는 식품 용기와 완구 및 어린이용 제품에 사용이 금지되었습니다.

다섯째, 몸에 축적되며 독성을 퍼뜨리는 '중금속'도 빼놓을 수 없습니다. 중금속으로는 강력한 독성을 지닌 카드뮴과 납, 수은 등을 꼽을 수 있어요. 이들은 암석이나 토양 등 자연 상태로 존재해 있다가 강·바다로 유입되어 먹이사슬을 거쳐 체내로 들어오죠. 요즘은 미세 먼지나 건축 자재, 비료 등에 섞여 생활 전반에 퍼져 있어요. 중금속 중독은 각종 피부병, 암, 신장 질환, 태아 기형 등을 유발할 수 있습니다.

끝으로, 우리 일상 곳곳으로 파고든 '비스페놀 A'도 기억해야 합니다. 앞서 영수증이나 순번 대기표를 만지기만 해도 비스페놀 A가 피부를 통해 우리 몸속으로 들어온다고 이야기했죠. 비스페놀 A는 백색의 고체 물질로, 이것이 체내에 흡수되면 생식기능을 떨어뜨리고 암을 유발할 수 있어요. 비스페놀 A는 영수증뿐 아니라, 가전제품, 휴대전화, 투명한 플라스틱 컵이나 통조림, 음료수 캔의 코팅제 등의 원료로도 쓰여요. 하지만 이 경우 피부로 흡수되는 것이 아니라 가열할 때 다량으로 발생한다고 해요. 이 때문에 수년 전부터 여러 나라에서 유아용 젖병 등을 만들 때 비스페놀 A의 사용을 규제하고 있습니다.

환경호르몬이 인간에게 미치는 영향

환경호르몬이 인간에게 더욱 위험한 이유는 특정한 물질이 생물체 안에 축적되어 먹이사슬을 거치면서 생체 내의 농도가 증가하는 '생물농축' 현상이 강하게 나타나기 때문입니다. 다시 말해, 환경호르몬은 먹이사슬을 따라 이동하기 때문에 상위 포식자로 갈수록 체내 축적량이 많아져요. 사람을 비롯한 대형 포유동물은 최상위 포식자인 만큼 과도한 환경호르몬이 치명적인 문제를 유발할 수 있는 거죠.

지난 1990년대 중반, 미국 오대호 주변에서는 갈매기가 동성끼리 둥지를 틀거나 동물에서 선천성 기형 및 이상행동이 발견되는 사례가 늘었습니다. 이에 주변 생물들을 대상으로 먹이사슬에 따른 환경호르몬 축적량을 조사했는데 결과가 매우 충격적이었어요. 오대호의 수질만 봐서는 짐작할 수 없었던 환경호르몬의 폐해가 확인된 거죠.

조사에 따르면, 환경호르몬은 인근 공업단지에서 유출되어 먹이사슬의 최초 생산자인 식물성 플랑크톤으로 유입됐습니다. 이를 1차 소비자인 동물성 플랑크톤이 먹으면서 단위 면적당 체내 환경호르몬 농도가 올라갔고, 이후 동물성 플랑크톤을 먹고사는 새우 등 갑각류의 체내에서 다시 몇 배로 늘어났으며, 갑각류의 포식자 빙어, 빙어의 포식자 송어, 송어의 포식자 갈매기를 거치며 기하급수적으로 늘어났어요. 이로써 생물농축으로 인한 환경호르몬의 위험성이 얼마나 심각한지 확인할 수 있었죠. 만약 이때 사람이 마지막 포식자가 됐다면 어떤 결과가 발생했을지 상상만 해도 끔찍합니다.

인간의 경우, 체내로 유입된 환경호르몬은 땀이나 대소변으로 바로 배출되지 않고 지방에 축적되어 물질대사를 거쳐 서서히 분해됩니다. 참고로 몸속 환경호르몬이 분해되는 시기는 환경호르몬의 종류에 따라 차이가 있으며, 다이옥신의 경우 반감기만 무려 7~12년에 이른다고 해요.

가장 심각한 문제는 연령대가 어릴수록 환경호르몬의 영향을 많이 받는다는 데에 있어요. 몸집이 작은 태아나 영유아는 단위 체중당 음식물 섭취량 및 호흡량이 성인보다 2~3배 많습니다. 그만큼 체내로 유입되는 환경호르몬의 비중이 클 수밖에 없는데, 태아 때부터 이미 환경호르몬에 노출된다는 사실이 확인됐죠. 엄마가 먹은 컵라면, 손으로 만진 종이 영수증, 몸에 바른 로션 등에서 나온 환경호르몬이 탯줄을 통해 태아에게 전달되는 거예요. 영유아 시기에는 장난감을 빨거나 바닥에서 노는 과정에서 환경호르몬을 흡입할 확률이 성인보다 높고요.

국립환경과학원이 지난 2015년 조사한 결과를 보면 영유아들이 얼마나 환경호르몬에 노출되어 있는지 잘 알 수 있습니다. 어린 연령대일수록 체내 프탈레이트와 비스페놀 A 농도가 높게 나타났거든요. 환경과학원은 그 수치가 권고 기준보다 낮다고 밝혔지만 어린 연령일수록 고위험군에 속한다는 사실이 확인됐죠.

생물농축은 몸집이 작은 태아나 영유아에서 극대화되기 때문에,

그만큼 임산부와 영유아의 먹거리 안전이 중요합니다. 따라서 일부 국가에서는 임신부에게 연어 섭취를 금지하고 있기도 해요. 연어는 해양 생태계의 상위 포식자로 지방 함량이 높아 환경호르몬 축적이 용이하기 때문이죠.

환경호르몬에 대처하는 우리의 자세

지난 2016년, 우리나라에서는 생리대와 기저귀에서 내분비계 장애를 일으키는 환경호르몬 프탈레이트가 다량으로 검출되어 큰 파문이 일었습니다. 정부에서는 조사 결과 인체에 유해할 정도는 아니라고 발표했지만, 전문가들은 이들 제품의 핵심 재료인 고분자 흡수체는 각종 유기 화합물을 함유하고 있는 데다, 생식기의 피부 조직은 다른 조직에 비해 민감해 유해성 여부를 속단할 수 없다고 주장했죠.

그 밖에도 아이들이 갖고 노는 슬라임에서도 프탈레이트와 가습기 살균제의 주성분인 CMIT·MIT가 검출되어 충격을 주었어요. 말랑말랑하고 탱탱한 감촉을 지닌 점액질의 장난감 슬라임을 만드는 데는 다양한 화학물질이 들어갑니다. 그로 인해 유해 물질 논란이 끊이지 않고 있죠.

각종 생활용품에서 유해 물질이 검출됐다는 사실이 알려지고, 가습기 살균제 사망 사건, 살충제 달걀 파동, 라돈 침대 사건 등 화학물질과 관련된 사건·사고가 연이어 터지면서, 우리 사회에서는 화학물질과 화학제품에 대한 공포감이 확산됐어요. '케모포비아(chemophobia)'는 이 같은 화학물질에 대한 공포증을 이르는 말이에요. 화학을 의미하는 '케미컬(chemical)'과 혐오를 뜻하는 '포비아(phobia)'가 합쳐진 말로, 생필품이나 먹거리 등에 포함된 각종 화학물질이 인체에 위협을 가할 거라는 걱정에서 비롯된 현상이죠. 케모포비아는 일상에서 화학제품 사용을 극도로 기피하는 '노케미(Nochemi)족'의 증가를 불러오기도 했어요. 노케미족은 화학물질이 들어간 제품을 거부하고, 친환경 제품만 구입·사용하는 이들을 뜻하는 신조어예요.

화학물질에 대한 논란이 계속해서 불거지면서 이처럼 국민들의 불안감은 점차 커지고 있어요. 그럼에도 정부나 기업은 마땅한 대응책을 내놓지 못하고 있습니다. 기업과 정부를 더 이상 신뢰할 수 없다는 생각에 직접 제품의 안전성 검사를 의뢰하거나, 원료명을 꼼꼼히 따지는 소비자들도 늘고 있습니다. 또 화학 성분이 덜 첨가된 제품이 비싼 가격에도 불구하고 잘 팔리기도 하죠.

정부나 기업에서 나서서 대응책을 마련하는 것도 중요하지만, 더욱 똑똑하게 소비하고자 하는 소비자들의 노력도 중요합니다. 무엇보다 일상에서 환경호르몬에 노출되는 일을 줄여야 하죠. 아이들이 가지고 노는 장난감은 플라스틱류에서 나무나 친환경 소재로 바꿔 주는 것이 좋고, 아기들이 가소제가 섞인 말랑말랑한 젖꼭지나 노리개 등을 갖고 놀지 않도록 조심해야 합니다.

그리고 가급적 가공식품이나 포장 음식은 섭취하지 않는 게 좋습니다. 또 먹이사슬 위쪽에 위치하는 소, 돼지, 닭 등의 지방이나 유제품 섭취를 줄이면 그만큼 환경호르몬이 몸에 쌓이는 것을 피할 수 있죠.

신선한 제철 음식 위주로 섭취하고, 식이섬유가 풍부한 현미, 채소, 과일 등과 물을 많이 먹으면 몸 안에 들어온 환경호르몬을 밖으로 내보내는 데 도움이 됩니다. 한편 음식을 보관할 때도 유리나 나무 그릇을 사용하는 게 좋아요. 또 일회용 플라스틱 용기나 비닐의 사용을 자제하고, 플라스틱 용기에 음식물을 담아 전자레인지에 돌리는 일은 피해야 합니다. 살충제나 헤어스프레이, 방향제 등은 되도록 사용하지 않는 것이 좋고, 영수증을 받으면 바로 폐기하도록 하세요. 그리고 하루에 여러 번 손을 씻고, 자주 환기하며, 깨끗이 청소하는 습관은 절대로 잊어서는 안 됩니다.

식량,
인간을 인간답게 하는
힘

식량 부족!
그 해답은 곤충?

영화 〈설국열차〉(2003, 감독 봉준호)를 보면 바퀴벌레로 만든 단백질 블록을 식량으로 제공하는 장면이 나옵니다. 바퀴벌레를 먹는다니 생각만 해도 소름 끼친다고요? 이미 미국과 유럽에는 식용 곤충 레스토랑이 존재하고, 중국이나 일본에서도 식용 곤충이 유통되고 있답니다. 물론 바퀴벌레를 먹는 건 아니에요. 국제연합 식량농업기구에 따르면, 곤충은 단백질 등 영양소가 풍부할 뿐만 아니라 온실가스도 돼지나 소보다 적게 배출해 친환경적이라고 해요. 그래서 곤충은 미래의 식량 자원으로 유력하게 떠오르고 있죠. 우리나라의 경우 식품의약품안전처가 식용으로 인정한 곤충은 메뚜기, 누에번데기, 백강잠, 갈색거저리유충(고소애), 쌍별귀뚜라미(쌍별이), 흰점박이꽃무지유충(꽃벵이), 장수풍뎅이유충(장수애) 등 일곱 가지입니다. 최근 우리나라에서도 갈색거저리유충으로 만든 콘스프와 크로켓, 셰이크, 귀뚜라미가 들어간 파스타와 베이글 등을 판매하는 레스토랑과 카페가 인기를 끌고 있다는데, 그 맛이 궁금하지 않나요?

대형 마트에 가면 수입산 식품을 쉽게 발견할 수 있습니다. 칠레에서 온 포도, 미국 캘리포니아산 오렌지, 멕시코산 삼겹살, 오스트레일리아산 육포 등 수많은 외국산 먹거리들이 소비자들을 유혹하죠. 그렇다면 수입 식품들은 어떻게 그 긴 여정을 거치고도 온전한 모습으로 우리의 식탁에 오를 수 있을까요? 해답은 아주 간단합니다. 장거리를 이동하는 식품은 농약, 왁스, 방부제 등 화학물질 처리 과정을 필수적으로 거쳐요. 이로써 오랜 시간 변색되거나 변질되지 않고 유통될 수 있죠. 그러나 이런 성분들은 인체에 해로운 만큼 문제 해결을 위한 새로운 움직임이 일어나고 있습니다. 바로 장거리 운송을 거치지 않은 지역 농산물, '로컬 푸드(local food)'를 먹자는 것입니다. 로컬 푸드는 생산자와 소비자 간의 유통 거리가 가까워지면서 식품의 신선도가 올라가고 환경보호와 함께 지역 경제를 활성화한다는 장점이 있습니다. 우리나라는 지난 2008년 전라북도 완주군이 국내 최초로 로컬 푸드 운동을 도입했어요.

안전하고
믿을 수 있는
먹거리, 로컬 푸드를
아시나요?

배고픔은 인간에게 어떤 영향을 끼칠까요? 『결핍의 경제학』이라는 책에 따르면, 결핍은 우리의 신체뿐 아니라 사고방식마저도 지배합니다. 배가 고프면 온통 먹는 데만 신경을 쏟게 되므로, 다른 일에는 전혀 관심을 둘 여유가 없게 된다는 거죠. 그런데 우리가 사는 세상에는 생각보다 배고픔에 시달리는 사람들이 많습니다. 2017년 10월, 국제연합 식량농업기구(FAO)가 발표한 내용을 보면, 전 세계 인구 76억 명 중에 10%가 넘는 약 8억 1,500만 명이 만성 기아를 겪고 있어요. 그리고 5세 이하 어린이 가운데 500만 명 정도가 매년 영양실조로 사망하고 있죠. 정말 충격적인 내용이 아닐 수 없습니다. 생존에 중요한 식량을 안정적으로 확보하는 일은 과거뿐만 아니라 지금도 가장 중요한 인간의 임무 가운데 하나랍니다.

농업, 언제부터 시작됐을까?

지금으로부터 1만 년 전, 구석기시대의 인류는 자연에서 먹거리를 구하는 수렵이나 채집 활동에 의존했지만 그 양이 적고 일정하지도 않아서 많은 인구를 먹여 살릴 수가 없었습니다. 게다가 수렵과 채집을 통해 살아가려면 이곳저곳을 떠돌아다녀야 하므로 많은 불편함이 있었죠. 당시에는 야영지를 옮길 때마다 재산을 모두 가지고 다녀야 했기 때문에 재산 축적이 힘들었고, 어린아이는 스스로 이동할 수 없었기 때문에 많은 아이를 낳기가 어려웠어요.

근근이 생활을 이어 나가던 인류는 우연히 바람에 날려 온 씨앗이나 배설물에서 싹이 트는 것을 발견하고, 야생식물을 길들여 식량으로 이용하게 됩니다. 인류가 식량을 의도적으로 재배하기 시작한 것은 대략 1만 1,000년 전이라고 해요. 농사는 신석기시대인 기원전 8500년경 중동 지역에서 시작되었고, 기원전 7500년경에는 중국, 기원전 3500년경에는 중앙아메리카와 남아메리카에서 뿌리를 내렸답니다. 농사가 시작되어 전통적인 채집 경제에서 생산 경제로 전환되자, 인구가 늘어나고 문명이 비약적으로 발전해 이를 '신석기 혁명'이라고 부르죠.

수렵과 채집을 할 때는 끊임없이 이동해야 했지만 농경 사회에서는 정착 생활이 시작됐어요. 무게가 무겁지만 곡식을 가공할 수 있는 맷돌이 등장하면서 곡식에서 더 많은 영양소를 흡수할 수 있었죠. 인류는 사냥의 위험에서 벗어나 안락한 생활을 누리게 되었고, 자연스레 평균수명도 늘어났어요.

여러 작물들 중에서도 곡물은 에너지가 풍부하고, 건조시키면 오랫동안 보관할 수 있어서 인류 생존에 절대적인 역할을 하게 됩니다. 기원전 5000년경 인류는 밀과 보리, 조, 콩 등의 다양한 곡물을 재배하기 시작했고, 양이나 소, 돼지 같은 동물을 가축으로 길러 그 배설물을 퇴비로 활용해 생산력을 높였답니다. 그 결과 한 마을을 먹여 살리고도 남는 충분한 식량을 축적할 수 있었고, 이것이 원인이 되어 사회적인 빈부 격차와 계층이 발생하게 됐어요.

인류가 재배한 다양한 곡물 가운데 문명의 기반을 마련하고 오늘날까지도 우리 사회를 떠받치고 있는 가장 중요한 농작물로는 밀과 쌀, 옥수수가 꼽혀요. 이 세 가지는 세계 3대 식량 작물이라 불리죠. 이 곡물들은 기원전 5000년경부터 재배가 시작된 이래 유구한 세월을 인류와 동고동락해 왔어요. 먹거리의 차원을 뛰어넘어 종교적 숭배와 철학적 사유(思惟)의 대상이 되기도 했죠. 또한 중요한 경제 자원으로서 한 나라의 흥망성쇠를 좌우하기도 했어요.

밀이나 쌀, 옥수수를 많이 재배하는 나라에서는 이 곡물들에 관련된 신화가 헤아릴 수 없이 많이 전해 오고 있어요. 인도네시아에서 쌀의 신 '스리(Sri)'는 사람들을 굶주림에서 보호해 주는 대지의 여신으로 추앙받습니다. 옥수수의 주요 경작지인 중앙아메리카와 남아메리카에서는 신이 옥수수 가루를 반죽해 인간을 만들었다는 창세신화가 전해 오고 있고요. 특히 마야족의 역사에서 옥수수의 신이 비의 신이나 하늘의 신 다음으로 자주 등장할 정도로 옥수수는 성스러운 작물로 숭배됐습니다. 고대 그리스와 로마의 성직자들은 신전에 제물을 바치기 전에 밀가루를 뿌리거나 옥수수를 장식했고, 이집트에서는 장례식에서 죽은 사람과 함께 밀을 묻어 주기도 했어요. 우리나라에서도 비슷하게 시신의 입에 쌀을 넣어서 묻는 장례 의식이 전해 오고 있답니다.

하루라도 밀과 쌀, 옥수수를 먹지 않은 날이 드물 정도로 우리는 세 가지 곡물에 절대적으로 의존하고 있어요. 그렇지만 언제부터 재배됐는지, 얼마나 많은 종이 있는지 등 우리가 이 곡물들에 대해 알고 있는 사실은 아주 적을 거예요. 지금부터 밀과 쌀, 옥수수에 대한 맛있는 공부를 시작해 볼까요?

세계 3대 작물, 그것이 궁금하다!

인류와 가장 오랜 시간을 함께해 온 작물은 '밀'이에요. 야생 밀은 씨앗이 바람에 날려 흩어져 버리는 특징이 있었지만 어느 날 갑자기 돌연변이에 의해서 씨앗이 깍지 속에 남아 잘 여무는 밀이 발견됐어요. 그리고 인류는 그 종자를 재배하는 데 성공했죠. 이후 밀은 인류의 주식으로 널리 사랑받았고, 끊임없는 종자 개량의 결과 현재 전 세계적으로 알려진 밀의 종류만 해도 3만여 종이나 된답니다.

지난 수 세기 동안 밀의 재고량은 국력의 상징이었어요. 고대 그리스의 아테네에서는 밀의 적절한 공급이 정부의 최대 관심거리였죠. 자국에서 생산된 밀은 해외로 유출하지 않고 아테네 시민들에게만 팔도록 법으로 규제하기도 했답니다. 특히 서양 사회에서 빵과 밀은 종교적이고 철학적인 비유의 대상으로 승화되기도 했어요. "밀을 처음 거두어들일 때 추수절을 지켜라."처럼 성서 곳곳에 밀에 대한 문장이 등장하죠.

기원전 9세기경 고대 그리스의 시인 호메로스Homeros는 인간을 '밀가루를 먹는 동물'이라고 정의했고, 플라톤Platon은 "굵은 보릿가루와 고운 밀가루를 볶아서 반죽한 후에 갈대나 깨끗한 잎에 얹어 두면 훌륭

한 빵이나 케이크가 된다."라고 말하기도 했어요. 위대한 시인과 철학자가 먹거리에 대해 언급한 점이 언뜻 시시해 보일 수도 있지만, 그만큼 밀이 삶과 분리할 수 없는 중요한 곡물이었음을 짐작할 수 있죠. 아시아 지역에는 기원전 4세기경 마케도니아의 알렉산드로스대왕Alexandros the Great의 동방 원정을 계기로 중국에 밀이 처음 전해집니다. 그런데 중국에서는 밀을 재배하기에 기후 조건이 잘 맞지 않아 쌀이 더 인기가 있었어요.

'쌀'은 현재 전 세계 인구의 4분의 3이 먹고 있는 식량입니다. 쌀을 주식으로 하는 사람들의 연간 소비량은 1인당 100~200kg 정도라고 해요. 쌀을 처음으로 먹게 된 시점은 오래전 아메리카 대륙으로 거슬러 올라갑니다. 당시 원주민인 인디언들은 야생 쌀의 이삭을 발로 밟아서 낟알을 추려 내거나 불에 구워 먹었다고 해요. 그러나 지금과 비슷한 형태의 쌀은 동남아시아와 중국에서 재배되기 시작했어요. 인도의 인더스강과 베트남의 메콩강 삼각주에서 시작된 쌀 재배는 중국의 양쯔강 습지로 전해졌죠.

열대작물인 벼의 모는 물 없이는 며칠도 견딜 수 없답니다. 씨앗을 처음 뿌리고 넉 달이 지난 뒤 추수할 때까지 논의 물을 빼면 안 돼요. 그리고 씨앗을 뿌린 후 이삼 일이 지나면 물을 서서히 빼고, 이삭이 열리면 다시 물을 채우는 등 때에 알맞게 물의 높이를 조절해야 하죠. 이처럼 전통적인 쌀 재배는 인내심과 집단적인 노동력이 필요한 작업이었기 때문에 쌀을 주식으로 먹는 동양인들의 성격이나 행동에 영향을 미쳤다는 연구 결과도 있어요.

쌀을 주식으로 먹는 중국이나 일본, 한국에서는 다른 음식을 모두 반찬이라고 불러요. 쌀에는 탄수화물을 제외한 다른 영양소가 부족하기 때문에 채소나 생선, 고기 등의 반찬으로 균형을 맞춰 주는 거죠. 동양인들에게 '밥심'의 원천이 되어 준 쌀은 기원전 5세기경 페르시아와 메소포타미아 등 유럽으로 전파됐고, 고대 그리스의 의사인 디오스코리데스Dioscorides는 곱게 간 쌀이 소화 장애에 효과가 있다는 기록을 남기는 등 서양에서도 높이 평가되었답니다.

끝으로, 인간뿐 아니라 가축들의 주요한 먹거리가 되고 있는 '옥수수'에 대해 살펴보기로 해요. 오늘날의 멕시코시티에서 동남쪽으로 240킬로미터 떨어진 곳에 테우아칸 계곡이 있습니다. 그 계곡에서 원주민 부족이 19개의 꽃가루 화석을 발견했어요. 전자현미경으로 꽃가루의 모양을 살핀 결과 기원전 6000년경에 재배된 야생 옥수수로 밝혀져 옥수수의 기원에 대한 신비가 벗겨지기 시작했죠. 옥수수의 꽃대 윗부분에 있는 수술의 꽃가루는 약한 바람에도 잘 날아가 다른 옥수수의 꽃대 아랫부분에 있는 암술 기관과 만나 잡종이 잘 만들어지는데요. 멕시코 인디언들이 이들 가운데 우수한 특성을 지닌 잡종을 채집해 재배하기 시작한 것으로 추측됩니다.

옥수수는 1492년 아메리카 대륙에 발을 디딘 콜럼버스Christopher Columbus에 의해 유럽으로 전파됐어요. 당시 밀을 식량으로 삼았던 유럽은 발전 속도가 더뎠지만, 척박한 기후나 땅에서도 잘 자라는 옥수수를 기반으로 한 아메리카 인디언의 문명은 급속하게 번성했답니다. 인디언들에게 옥수수는 생명의 원천임과 동시에 삶의 이유였고, 옥수수를 수확할 때는 성대한 축제가 벌어졌죠.

오늘날 옥수수는 사람의 양식뿐만 아니라 가축의 사료, 더 나아가 바이오 연료나 식품의 원료로도 쓰이고 있어요. 최근에는 옥수수를 이용해 친환경 바이오플라스틱 성분을 만드는 연구도 한창이죠. 따라서 현재 옥수수는 농작물을 넘어서서 산업 작물이라는 평가까지 받고 있습니다.

유전자 변형 식품, 어떻게 보아야 할까?

옥수수는 그 쓰임새가 다양해지면서, 제2차 세계대전 이후 생산량이 급격히 늘기 시작했어요. 지금은 밀이나 쌀보다도 다양한 품종이 경쟁적으로 개발되고 있죠. 이렇듯 옥수수의 생산량을 크게 높이는 데 기여한 것은 사람도 아니고 기계도 아닌, 바로 유전자 변형 생물체(GMO, Genetically Modified Organism) 기술입니다. 옥수수 말고도 콩, 면화, 카놀라 등이 대표적인 GMO 농산물로 꼽히고 있어요. 그런데 GMO와 관련해서는 찬반 논란이 끊이지 않고 있습니다. 이들의 주장에 대해 간단히 살펴보기로 하죠.

찬성하는 측에서는 '식량 위기의 유일한 해결사'라며 GMO를 적극 개발해야 한다고 주장합니다. 그들에 따르면, GMO는 생물체의 유전자 중 필요한 유전자를 인위적으로 분리·결합하여 개발자가 필요로 하는 특성만을 갖도록 만든 식품으로, 주로 병충해에 강하거나 영양 성분이 높아지는 방향으로 장점을 강화한 식품들이에요. 따라서 인류의 삶에 보탬이 되는 방향으로 개발되어 왔으며, 특히 GMO 재배로 인한 수확량 증가는 기아 문제와 식량난 해결의 일등공신으로 꼽히죠. 또 농부의 입장에서는 시간과 비용 절감 및 수확량 증가에 따른 경제적 효과도 큽니다.

GMO의 안전성과 관련해서도 현재까지는 뚜렷한 피해 사례가 발견되지 않았고, 가능성이 있더라도 이는 철저한 사전 검사로 예방이 가능합니다. 무르지 않는 토마토, 병충해를 예방하는 옥수수, 참다랑어 크기의 연어, 영양 성분이 강화된 벼 등 이미 GMO는 전 세계에 널리 보급되어 인류의 식단을 풍요롭게 해 주고 있으며, 식량문제의 든든한 해결사가 되고 있죠.

하지만 이에 대해 반대하는 의견도 만만치 않아요. 반대하는 측에서는 검증되지 않은 부작용이 재앙을 불러올 수 있다고 우려해요. 유전자 변형은 다른 종의 유전자를 이식해 얻은 결과로, 몇 년간 큰 문제를 일으키지 않았다고 해서 이를 안전하다고 장담할 수는 없습니다. 신기술의 유해성 여부는 수십 년이 지나서야 밝혀지는 경우가 많아요. 지난 2012년 프랑스에서는 유전자 변형 옥수수를 먹은 쥐에게서 종양이 생겼다는 논문이 발표됐어요. 그러니 GMO가 인간에게 알레르기나 질병을 유발할 가능성은 여전한 상황이죠.

또 유전자 이식 과정에서 돌연변이가 발생하거나 생태계가 훼손될 우려가 큽니다. 당장의 경제적 효과를 좇다가 생태계가 혼란에 빠지면 해결할 방법도 없습니다. 그리고 GMO를 통해 해충과 바이러스에 강한 식물을 재배하더라도 향후 더 강력한 해충이나 슈퍼 바이러스가 생겨날 가능성은 얼마든지 있고요. 특히 GMO의 확대는 거대 자본을 가진 다국적기업의 배만 불리고 있습니다. 농민들은 GMO 종자를 보급하는 기업에 갈수록 종속되고, 막강한 권력을 가진 기업들은 이윤을 독차지하게 될 거예요. GMO의 유혹은 달콤하지만 이에 따른 부작용은 너무도 치명적입니다.

이렇듯 현재 건강에 나쁘지 않으니 괜찮다고 주장하는 측과 안전성이 증명되지 않았으니 믿을 수 없다는 측이 서로 팽팽하게 맞서고 있어요. 아직까지는 GMO가 정말 안전하다는 연구 결과도, 해롭다는 연구 결과도 없기 때문이죠. 따라서 양측 의견 가운데 어느 한쪽의 손을 들어 주기가 힘든 상황입니다.

먹을 게 넘치는 시대, 식량 부족의 그림자

'잘 먹고 잘 사는 것'은 인류가 살면서 기본적으로 이뤄야 할 과제예요. 하지만 긴 역사 동안 식량 부족으로 인한 굶주림은 지속적으로 문제가 되었죠. 만약 평소에 부족함 없이 먹던 음식을 한순간에 먹을 수 없게 된다면 어떨 것 같나요? 과거 아일랜드에서는 '감자 요리에 감자 반찬'을 먹는다는 얘기가 나올 정도로 감자를 즐겨 먹었어요. 빵과 달리 찌거나 굽기만 해도 배를 채울 수 있어 가난한 농부들의 주식이었죠. 하지만 감자 때문에 100만 명이 넘는 아일랜드 사람들이 목숨을 잃는 일이 생겼어요. 1845년부터 감자 역병이 유행하면서 대기근이 찾아왔거든요. 당시 유일한 식량인 감자에 의존하던 사람들은 굶어 죽거나 삶의 터전을 찾아 북아메리카로 대거 이주했습니다. 이는 식량문제가 얼마나 큰 사회 혼란과 정치 불안을 불러오는지 단적으로 보여 주는 사례입니다.

20세기 중반을 넘어서면서 인류는 비로소 식량을 적은 비용으로 풍족하게 생산할 수 있는 시대가 열렸다고 자신했어요. 2008년 기상이변에 따른 세계 곡창지대의 흉작으로 전 세계적으로 곡물 가격이 폭등하는 식량 파동이 일어나기 전까지는 말이죠. 당시 이집트, 인도네시아, 아이티 등 식량의 상당 부분을 수입에 의존하는 30여 개국에서는 식량 가격 급등에 항의하는 시위가 잇달아 일어났습니다.

특히 중앙아메리카에서도 빈국에 속하는 아이티에서는 식료품 가격이 한 달 만에 50%나 상승하면서 굶주림이 극에 달했습니다. 이로 인한 반정부 시위는 나라 전체를 무정부 상태에 빠뜨렸죠. 같은 시기 이집트 카이로에서도 쌀 가격이 폭등해 노동자들이 봉기를 일으켰어요. 당시 전 세계적인 식량 위기의 여파로, 각 나라는 식량문제가 국가 안보 차원에서 중요하다는 경각심을 갖게 되었죠.

하지만 여기서 끝이 아닙니다. 많은 전문가들이 더욱 우울한 전망을 내놓고 있어요. '폭발적으로 증가하는 인구'가 식량의 안정적인 공급 시스템을 단번에 마비시켜, 과거 아일랜드 대기근과 같은 최악의 식량난이 닥칠 거라고 예측하고 있죠. 농업기술의 눈부신 발전과 경작지 확장에도 불구하고 말이에요.

지난 2011년 세계 인구가 70억 명을 돌파한 일은 토머스 맬서스 Thomas Robert Malthus 의 경고를 다시금 일깨우고 있습니다. 영국의 경제학자인 맬서스는 자신의 저서 『인구론』(1789)에서 "인구의 폭발적 증가세에 비해 식량은 더디게 늘어나는 불균형 탓에 인류는 반드시 기근과 빈곤을 겪을 것"이라고 주장했죠. 국제연합, 세계은행 등 국제기구에서는 현재 70억 명인 세계 인구가 90억 명으로 늘게 되는 오는 2050년경부터 본격적인 식량 위기가 닥칠 것으로 예상하고 있습니다. 지금의 농업 생산량으로 볼 때, 약 30년 뒤에는 무려 20억 명분의 식량을 더 마련하기가 힘들게 된다는 것이죠.

메이저 곡물 기업과 투기 자본, 곡물을 집어삼키다

현재 '전 지구적 기후변화'도 식량 확보를 위협하는 커다란 요인으로 꼽히고 있습니다. '기후변화에 관한 정부 간 협의체(IPCC)'는 2050년 지구의 평균 기온이 지금보다 2℃ 오르면 브라질에서는 대두와 밀의 수확량이 각각 70%, 50% 정도 줄어들고, 방글라데시의 쌀 수확량은 8%, 밀은 32% 감소할 것으로 내다봤어요. 게다가 최근 대체에너지로 각광받는 바이오 연료 산업도 식량 부족을 악화시키는 요인으로 지적되고 있습니다. 옥수수, 사탕수수 등이 바이오 에너지의 원료로 쓰이면서 그 수요가 급격히 증가했기 때문이죠.

그뿐 아니라 '4대 곡물 메이저' 기업과 점점 더 세력이 커지고 있는 '투기 자본'도 전 세계 식량 부족에 한몫을 하고 있어요. 앞서 지구촌에서 만성적인 굶주림에 시달리는 인구가 전체의 10%가 넘는 8억 1,500만 명이나 된다고 이야기했어요. 10명 가운데 1명꼴이지요. 이러한 만성 기아의 주범 가운데 하나로 꼽히고 있는 것이 바로 4대 곡물 메이저 기업과 투기 자본이랍니다.

거대 곡물 회사들은 수십 년 전부터 막강한 영향력을 행사하고 있어요. 현재는 ABCD로 불리는 4대 곡물 메이저 기업이 세계 곡물 시장을 쥐락펴락하고 있죠. 여기서 ABCD는 미국의 아처대니얼스미들랜드(ADM), 벙기(Bunge), 카길(Cargill)과 프랑스의 루이드레퓌스(LDC)를 가리킵니다. 이들은 세계 주요 지역의 곡물 생산·저장·유통·수송 등을 담당하며, 전 세계 곡물 교역량의 약 75%를 장악하고 있습니다.

투기 자본을 2000년대 들어 세계 곡물 시장에 새로운 강자로 떠올랐습니다. 19세기 중반 미국에서는 농산물에 대한 선물거래(先物去來)가 처음 시작됐습니다. 선물거래는 '미래에 거래를 할 때 미리 정해 둔 가격으로 사고팔자'고 현재 시점에서 정하는 거래를 말해요. 원래는 농민들에게 일정한 수입을 보장해 주기 위한 보험 같은 성격이었는데, 20세기 들어서 국제적인 투기 자본이 이를 돈벌이 기회로 삼으면서 식량 가격이 요동치기 시작했죠. 골드만삭스, 모건스탠리 같은 기업이 여기에 해당되는데, 지난 2011년 국제연합 식량농업기구는 "곡물 관련 선물 거래에서 실제 농산물 거래는 불과 2%이고, 나머지 98%가 시세차익을 노린 투기 자본들의 거래"라고 폭로하기도 했어요.

금융 기업과 메이저 곡물 기업들이 식량을 이용해 거대한 매매차익을 남기는 동안, 지구촌의 굶주리는 인구는 더욱 늘어나고 있어요. 지구촌 한쪽에서는 수많은 사람들이 굶주림에 죽어 가고, 다른 한쪽에서는 다수의 인구가 비만에 시달리는 아이러니한 풍경이 펼쳐지고 있는 거죠. 심각한 기아는 주로 가난한 나라들이 많은 아프리카에 집중되어 있고, 남아메리카와 아시아의 개발도상국들에서도 종종 나타나고 있어요. 반면에 경제 수준이 높은 북아메리카와 유럽, 오스트레일리아 등지에서는 상대적으로 높은 비만율을 기록하고 있죠. 전 세계 사람들이 동등하게 먹거리를 확보할 수 있는 방안은 무엇인지 고민해야 하는 이유가 여기에 있습니다.

대충그냥, '개띵이'라 불렀으면 됐는데 왜 시덥잖아?

: 니째 시간 :

아이돌,
대중문화의
슈퍼 파워

아이돌 그룹
멤버 수,
많을수록 좋을까?

트와이스, 세븐틴, 우주소녀, NCT 127, SF9 등 한동안 아이돌 그룹은 10명 정도나 되는 많은 멤버들로 구성되어 있었습니다. 이는 멤버 1명이 늘 때마다 기대할 수 있는 수익이 높아지기 때문이에요. 멤버별로 팬층이 형성되기 때문에 결과적으로 전체 팬 수가 늘어나면서 그룹의 수명이 더 오래가는 경우가 많죠. 한두 명이 해외 공연을 가거나 드라마·예능 등 개별 활동을 하더라도 크게 티가 나지 않는 것도 큰 장점입니다. 하지만 지나치게 많은 멤버 수가 오히려 독이 되면서, 최근에는 다시 소규모 아이돌 그룹이 늘어나고 있어요. 뛰어난 실력으로 주목을 받고 있는 ITZY(있지), TXT(투모로우바이투게더) 등이 대표적으로, 모두 5인으로 그룹을 꾸렸죠. 인원이 많으면 대중에게 이미지를 각인시키기 힘들고, 관리가 힘든 게 가장 큰 이유입니다. 게다가 멤버 간 역할을 배분하는 과정에서 불만이 생기거나 그룹 활동에 최선을 다하지 않는 사람이 생긴다는 점도 문제라고 하네요.

세계적인 심리학자 '안데르스 에릭슨'은 '빌 게이츠', '비틀즈', '모차르트' 등 당대 천재들의 공통점을 연구한 결과, 그들이 모두 한 분야에서 최고의 경지에 오르기까지 최소 1만 시간 이상 꾸준하게 노력해 왔다는 사실을 발견했습니다. 이는 성공을 향한 '1만 시간의 법칙'이라는 말로 널리 알려져 있죠. 1만 시간을 채우려면 매일 3시간씩 투자할 경우 약 10년, 매일 10시간씩 투자할 경우 약 3년이 걸립니다. 그렇다면 현재 데뷔한 아이돌은 어느 정도의 연습 기간을 거쳤을까요? 문화체육관광부가 발간한「대중문화 예술 산업 실태 보고서」(2017)에 따르면, 연습생들의 평균 데뷔 기간은 2년 6개월(30.6개월)이라고 해요. 일수로 계산하면 약 912일로, 실제 아이돌 연습생들이 하루 평균 10시간 이상 연습한다는 걸 생각하면, 적어도 9,120시간은 되는 거죠. 정말 엄청난 연습량이죠?

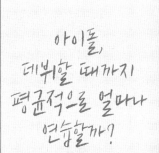

아이돌,
데뷔할 때까지
평균적으로 얼마나
연습할까?

2017년, 연습생들의 치열한 경쟁 끝에 아이돌(idol) 그룹 '워너원'이 탄생했습니다. 개성과 실력을 겸비한 이 그룹의 멤버 11명은 수많은 팬들을 거느리며 엄청난 인기를 누렸죠. 워너원이 활동 기간 동안 벌어들인 돈은 무려 약 900억 원, 순이익은 440억 원 정도라고 합니다. 또 한 번의 아이돌 대박 성공 신화를 탄생시킨 것입니다.

아이돌은 대중문화를 이끌고 있는 가장 영향력 있는 주역들이에요. 수천억 원이 넘는 경제적 가치, 전 세계를 사로잡은 음악과 퍼포먼스, 트렌드의 상징으로 큰 인기를 얻고 있죠. 청소년의 대다수가 아이돌의 팬이라 할 만큼, 이들은 수많은 소년 소녀에게 꿈과 희망을 주고 있습니다. 아이돌 스타는 젊은 나이에 부와 명예를 차지한다는 점에서 10대의 장래 희망 1순위이기도 해요.

아이돌, 전 세대의 우상이 되다

'우상'이라는 뜻의 영어 단어에서 유래한 아이돌(idol)은 청소년에게 인기가 높거나, 청소년과 나이대가 비슷한 가수 또는 연기자를 일컫는 말이에요. 이들은 뛰어난 외모와 화려한 패션, 트렌디한 음악과 춤을 선보여 10대들 사이에서 우상과도 같은 존재로 통하죠. 이렇듯 아이돌이 성장하는 데는 케이팝(K-Pop)의 성공이 큰 기여를 했습니다. 케이팝은 2000년대 중반 이후 외국인들이 우리나라 가요를 즐기면서부터 널리 퍼진 말이에요. 댄스, 힙합, 알앤비(R&B), 발라드, 록, 일렉트로닉 등 케이팝 장르 가운데 전 세계 젊은이들을 가장 많이 사로잡은 음악은 바로 아이돌 그룹의 댄스 음악이었습니다. 특히 아이돌 그룹의 뮤직비디오가 유튜브 등 인터넷 사이트와 SNS를 통해 빠르게 퍼져 나가면서 전 세계적으로 화제를 불러일으켰죠.

방탄소년단, 워너원, 엑소 등 우리나라의 아이돌은 수려한 외모와 감각적인 패션, 단순하고 경쾌한 비트의 음악, 그리고 '칼군무'라고도 불리는 화려하고 역동적인 퍼포먼스로 외국인들의 마음까지 사로잡았습니다. 실제로 해외에서 아이돌의 인기는 상상을 초월할 정도예요. 2018년 5월 발매된 방탄소년단의 〈FAKE LOVE〉라는 곡의 뮤직비디오는 유튜브에 공개된 지 9일 만에 조회 수가 1억 건을 돌파할 정도로 전 세계인들의 관심을 받았죠. 이처럼 아이돌 그룹이 한류와 케이팝의 중심이 되자 이제 10대뿐만 아니라 다양한 세대가 이들에게 열광하고 있습니다. 아이돌은 막강한 영향력을 등에 업고 방송과 공연 등 문화 산업 전반을 장악하고 있어요. 이에 팬들도 '오빠들'을 위해 사회문제에까지 적극 참여할 정도로 아이돌에 대한 충성심이 더욱 커졌답니다.

그렇다면 우리나라의 첫 세대 아이돌은 누구일까요? 우리나라 1세대 아이돌 그룹은 H.O.T와 젝스키스로, H.O.T는 1996년 9월 7일, 젝스키스는 1997년 4월 15일에 데뷔했어요. 이들은 대형 팬덤을 형성하며 아이돌이라는 단어를 널리 퍼뜨렸죠. 이들의 성공을 시작으로 아이돌은 대부분 기업형 연예 기획사의 전문 시스템과 체계적인 훈련을 거친 후 데뷔했습니다.

2000년대에는 동방신기(2004), 빅뱅(2006), 원더걸스(2007), 소녀시대(2007) 등 2세대 아이돌이 탄생했습니다. 화려한 퍼포먼스, 세련된 외모와 패션으로 무장한 2세대 아이돌은 케이팝 열풍의 주역이 되었죠. 그 뒤 연예 기획사들은 2PM(2008), 샤이니(2008), 2NE1(2009) 등을 성공으로 이끌었습니다. 아이돌과 더불어 연예 기획사도 전 세계를 돌며 공연과 팬 미팅을 개최했고, 높은 수익을 창출하며 종합 엔터테인먼트 기업으로 성장했어요. 2010년대부터는 3세대 아이돌 그룹이 등장하며 세대교체와 함께 새로운 변화를 가져왔습니다. 엑소(2012), 방탄소년단(2013), 워너원 등이 그 대표적인 예로, 각기 다양한 콘셉트로 팬들의 마음을 사로잡았죠. 처음부터 해외 활동을 염두에 두고 다국적 멤버를 영입하거나, TV 서바이벌 프로그램을 통해 팀이 꾸려지기도 했어요. 카리스마와 신비주의를 강조하던 1·2세대 아이돌과 달리 이들은 SNS를 통해 대중과 소통하며 친숙한 이미지를 갖게 되었답니다.

왜 10대는 아이돌에게 열광할까?

이러한 친숙한 이미지에 힘입어, 현재 트렌드를 선도하는 광고계에서 아이돌의 영향력은 갈수록 확대되고 있어요. '광고에 아이돌이 나오면 무조건 제품이 팔린다'는 말이 생겼을 정도죠. 과거에 걸 그룹 '소녀시대'를 광고에 출연시켜 큰 성공을 거둔 한 치킨 회사는 매년 소녀 시대의 얼굴이 들어간 달력을 사은품으로 제공하다가 어느 해부터 주지 않았더니 매출이 급격히 줄어 경영 위기까지 찾아왔다고 합니다. 그 밖에 걸 그룹 '미쓰에이' 출신 수지가 광고한 교복 브랜드의 매출이 단번에 7배나 상승한 사례도 있어요. 이처럼 아이돌은 외식산업이나 식음료, 의류, 화장품뿐만 아니라 주류나 게임, 휴대전화, 카메라, 자동차 등의 광고 분야에서 활약하고 있습니다.

최근에는 아이돌의 사진이나 캐릭터를 이용한 물건인 '아이돌 굿즈(goods)'가 활발하게 제작되어 엄청난 부가 수익을 창출하고 있어요. 이전에는 응원봉이나 티셔츠에 그쳤던 상품들이 이제는 마스크 팩, 헤어밴드, 안대, 가방, 휴대전화 케이스, 모자, 스카프, 점퍼 등 품목도 다양해지고, 가격도 낮게는 1만 원에서 높게는 몇십만 원에 이를 정도로 선택의 폭이 넓어졌죠. 이에 최근 대형 연예 기획사들이 삼성동과 명동 등 시내 중심에 아이돌 굿즈를 판매하는 대형 쇼핑몰까지 열었습니다.

그렇다면 아이돌 굿즈의 주된 소비층, 곧 아이돌 그룹의 가장 두터운 팬층은 누구일까요? 다들 짐작하다시피 10대라고 할 수 있습니다. 요즘에는 20, 30대 팬들도 많이 늘었지만, 그래도 가장 막강한 팬 파워를 발휘하는 이들은 10대라 할 수 있죠.

성장기의 10대는 흔히 열정적이고 맹목적인 성향을 드러냅니다. 그래서 감각과 감성을 자극하는 음악과 화려한 또래 스타들에게 쉽게 열광하며 빠져들죠. 무엇보다 10대는 불합리하거나 억압적으로 느껴지는 어른들의 행동과 말, 미래에 대한 걱정, 입시 위주의 경쟁 속에서 좌

절과 불안을 느끼는 경우가 많습니다. 이들은 기성세대에 반항하며 한편으로 또래 집단과 더욱 강한 유대감을 갖길 원해요.

10대에게 아이돌 스타란 자신이 꿈꾸는 것을 이루거나 이상적인 세계를 살아가고 있는 존재들입니다. 그래서 청소년들은 아이돌 스타에 몰입하는 순간 불만스러운 현실을 잊고 이들의 성공적인 삶으로부터 대리 만족을 얻기도 하죠. 이상과 현실의 차이가 큰 청소년일수록 아이돌에게 더욱 빠져들기 쉽습니다. 소통과 소속감, 유대감 등에 목말라 있는 10대에게 아이돌의 팬이 된다는 것의 의미는 매우 각별합니다. 같은 취향과 의도를 가진 또래들과 함께 행동하며 외로움을 잊고 정서적 안정감도 얻을 수 있거든요.

그런가 하면 청소년들이 아이돌에게 열광하는 이유를 '도파민'에서 찾는 학설도 있습니다. 우리 뇌는 아이스크림을 먹거나 도박에서 돈을 딸 때 신경전달물질인 도파민을 분비해 흥분이나 기쁨 등의 감정을 일으킵니다. 이러한 도파민은 좋아하는 가수의 음악을 들을 때도 나오는데, 중독성을 지녀 계속해서 빠져들게 만들죠. 즉 청소년들의 민감한 감수성에 도파민의 중독성이 더해져 더욱 스타에게 열광하게 된다고 합니다.

팬덤의 두 얼굴

요즘 10대들은 특히 아이돌을 혼자 좋아하는 데에 그치지 않고, 팬덤(fandom)을 형성해 응원하고 있어요. 팬덤은 '퍼내틱(fanatic)'에서 따온 '팬(fan)'과 '영지', '나라'를 뜻하는 '덤(dom)'이 합해 만들어진 합성어입니다. 팬(fan)의 어원이 된 'fanatic'은 광적인 사람이나 광신도를 뜻하는 말로, 마치 무언가에 미친 것처럼 과도하게 열중하는 자들을 가리킬 때 쓰여요. 이에 따라 팬덤은 특정 인물 및 분야를 열성적으로 좋아하는 사람들 또는 그러한 문화 현상을 뜻하는 용어가 됐죠.

'엑소엘(EXO)', '아미(방탄소년단)', '러비(레드벨벳)', '원스(트와이스)', '블링크(블랙핑크)', '캐럿(세븐틴)' 등은 특정 아이돌을 열성적으로 좋아하는 사람들이 모인 공동체, 곧 팬덤의 이름들입니다. 현재 대부분의 청소년이 팬덤 활동을 할 정도로 팬덤은 10대 문화에서 중요한 비중을 차지합니다. 팬덤은 독특하고도 강력한 공동체로, 같은 스타를 좋아하는 집단 구성원들은 서로 소통하고 연대하며 우정을 쌓아 나가죠.

그런가 하면 팬덤은 현재 음반 및 음원 구매의 주 소비자들로, 음악 시장의 가장 큰 소비 집단입니다. 이뿐만 아니라 각종 굿즈 사업와 공연 등에서도 큰 영향력을 행사해요. 작곡가나 음반 제작자, 비디오 감독 등도 매출의 일등 공신인 팬덤의 관심과 취향 등을 사전에 고려해 작품을 출시하고 있죠. 반면에 팬덤은 콘텐츠의 생산자로서 활약하기도 합니다. 좋아하는 아이돌을 홍보하기 위해 돈을 모아 지하철역에 이들의 광고를 게재하거나, 신생 아이돌의 경우 직접 단독 콘서트를 주최하기도 해요.

팬덤은 아이돌과 함께 성장해 왔습니다. 과거에는 아이돌에게 열광하는 극성 팬들에게 곱지 않은 시선을 보내는 사람들이 많았어요. 그러나 팬덤이 사회문제에 적극 참여하고, 그것이 의미 있는 결실을 맺자 이들에 대한 평가도 달라지고 있습니다. 지난 1996년 6월 7일, 헌법 재판소가 '음반 사전 심의제'를 60년 만에 폐지시킨 데에도 팬덤의 힘이 작용했습니다. 그 당시 가수 '서태지와 아이들'의 노래 〈시대 유감〉은 가사가 과격하고 현실 비판적이라는 이유로 사전 심의에서 수정 명령을 받았어요. 이에 가수가 항의 표시로 가사를 삭제해 음반을 발매하자 팬들이 심의제 폐지 운동을 벌였죠. 조용필, 이승환, 서태지, GOD 등 인기 가수의 팬들이 모여 결성한 '대중음악 개혁을 위한 연대 모임'은 지난 2001년, 오래전부터 순위 공정성 시비에 휘말려 온 각 방송사의 가요 순위 프로그램을 폐지하는 결과를 이끌어 냈습니다. 그런가 하면 팬덤은 관행처럼 굳어진 연예 기획사들의 불공정한 전속 계약에 반기를 들어 합리적인 표준 계약서가 도입되는 전기도 마련했어요.

과거에는 아이돌에게 열광하는 극성 소녀 팬들을 흔히 '빠순이'라고 불렀습니다. 이들은 공부는 하지 않고 연예인 뒤나 쫓아다닌다며 손가락질을 받기도 했죠. 그러나 오늘날의 팬덤은 과거에 비해 그 역할과 내부 문화가 한층 진화한 모습입니다. 자신이 지지하는 아이돌이 시비에 휘말리면 팬덤이 직접 나서서 해명하고, 아이돌에 대한 사랑을 기부 활동으로 승화시키기도 합니다. 어쩌면 아이돌 스타들이 정상에 올라갈 수 있었던 건 수려한 외모와 뛰어난 가창력 때문이기도 하지만, 무엇보다 이들의 능력을 알아봐 주고 전폭적인 지지와 응원을 아끼지 않은 팬덤의 열정 덕분이 아닐까 싶습니다.

하지만 이런 장점에 못지않게 특정 팬덤은 큰 문제를 일으키기도 합니다. 이들 중에서 인기 연예인의 사생활이나 일거수일투족을 알아내려고 매일같이 연예인의 일상을 쫓아다니는 일명 '사생팬'이 사회 문제로 떠오르고 있죠. 학업이나 직장 생활까지 포기한 일부 사생팬들은 연예인을 상대로 스토킹은 물론 사이버 테러를 저지르기도 합니다. 밤낮없이 연락을 시도하거나 집 앞에서 기다리는 것은 기본이고, 협박 편지를 쓰거나 살해 위협을 하는 경우도 있다고 해요. 요즘은 연예인의 차량에 위치 추적 장치를 달거나, 택시를 타고 연예인이 탄 차량을 뒤 쫓는 일명 '사생 택시'마저 등장했습니다. 아이돌의 주민등록번호는 이제 사생팬들 사이에서 '공공재'가 되어 버렸어요. 사생팬들은 이를 가지고 스타의 해외 비행 일정부터 카드·금융거래 내역, 포털 사이트 아이디와 비밀번호까지 모두 캐내고 있습니다. 이처럼 미성숙한 팬덤 문화로 인해 일부에서는 팬덤을 하위문화로 치부하기도 하죠.

아이돌, 환상과 현실

지금까지 우리나라에서 데뷔한 아이돌 그룹은 700팀이 넘는다고 해요. 정확한 숫자는 알기 힘들지만, 걸 그룹은 약 400팀, 보이 그룹은 약 300팀에 이른다고 하죠. 2세대 대표 걸 그룹인 원더걸스, 카라, 소녀시대 등이 데뷔한 2007년부터 아이오아이, 블랙핑크 등이 데뷔한 2016년까지 10년 동안 탄생한 걸 그룹은 220팀이 넘습니다. 이들 중에 대중에게 잘 알려지고 인기를 누린 걸 그룹은 투애니원, 에프엑스, 씨스타, 에이핑크, 레드벨벳, 블랙핑크, 트와이스 등 20여 팀에 불과해요. 결국 걸 그룹의 10% 정도만이 성공하고 나머지는 별다른 인기를 끌지 못한 채 사라진 거죠. 보이 그룹의 사정도 크게 다르지 않습니다. 수많은 그룹들이 이미 포화 상태인 아이돌 시장에서 살아남기 위해 치열한 생존 경쟁을 벌이고 있죠.

그렇다면 넘쳐 나는 아이돌 그룹들 속에서 대중의 눈에 띄어 높은 인기를 얻은 팀의 비결은 무엇일까요? 아이돌 스타들은 뛰어난 비주얼과 실력뿐만 아니라 그 나름의 캐릭터와 색깔이 있어야 성공과 인기를 얻습니다. 참신한 콘셉트, 뚜렷한 개성으로 무장해 트렌드를 이끌고 있다는 느낌 또한 선사해야 하죠. 엑소는 각각의 멤버가 초능력을 발휘한다는 세계관을 설정해 신비함과 카리스마를 강조했고, 빅스는 뱀파이어, 사이보그 등 다양하고 파격적인 콘셉트를 소화하며 대중을 사로잡았습니다. 또 3세대 아이돌을 대표하는 걸 그룹으로 꼽히는 트와이스는 옆집 동생처럼 친근하고 발랄한 캐릭터로 성공을 거뒀으며, 워너원은 청량감 있는 소년 이미지로 인기몰이를 했어요.

여기서 방탄소년단을 빼놓을 수는 없겠죠. 한국의 평범한 학생에서 전 세계인의 사랑을 받는 보이 밴드가 된 방탄소년단, 자신들의 성공을 예견이라도 한 듯 그들이 내세운 세계관은 '성장'입니다. 이에 걸맞게 지금도 방탄소년탄은 전 세계에 선한 영향력을 전파하며 지금 이 순간에도 K팝 역사를 다시 쓰고 있는 중이죠. 메이저 기획사가 지배해 오던 우리나라 가요 시장에서 중소 기획사의 아이돌, 이른바 '흙수저 아이돌'로 불리던 방탄소년단이 지금의 자리까지 오를 거라고 생각한 사람들은 많지 않았습니다. 하지만 이들은 그 예상을 깨고 세계를 무대로 새로운 역사를 만들어 가고 있답니다.

아이돌의 빛과 그림자

지금도 화려하고 멋진 이미지의 아이돌을 보며 수많은 청소년들이 아이돌을 향한 꿈을 키우고 있어요. 부모의 경제적인 도움 없이는 성공하기 어려운 오늘날의 현실에서, 자력으로 성공해 부와 명예를 얻을 수 있는 직업이라는 점도 큰 매력으로 다가오죠.

현재 우리나라에서 아이돌 가수를 꿈꾸는 연습생은 무려 100만 명이 넘습니다. 하지만 이들이 데뷔할 수 있는 확률은 고작 1% 정도에 불과하다고 해요. 고생 끝에 데뷔의 꿈을 이룬다고 해도 거기서 끝이 아닙니다. 데뷔 이후 인기를 얻고 성공할 확률 또한 매우 낮은 게 현실이죠. 현재 큰 인기를 끌고 있는 아이돌 스타들도 연습생 시절은 막막하고 고통스러운 시간이었다고 말합니다. 10대 초중반의 어린 나이 때부터 시작되는 혹독한 트레이닝과 극단적인 다이어트는 건강을 위협하고, 치열한 경쟁과 미래에 대한 불안은 극심한 스트레스를 불러오기도 해요. 성공적으로 데뷔한 후에도 기획사와의 전속 계약이라는 굴레 속에서 자유도 없이 밤낮으로 스케줄을 소화하며 빡빡한 시간을 보내야 하죠. 따라서 아이돌 가수 중에는 공황장애나 우울증을 겪는 이들이 의외로 많아요. 흔히들 아이돌로 성공하면 세상을 모두 가진 것처럼 행복할 거라 생각하지만, 그 이면에는 건강 이상, 사생활 침해와 인권 침해에 시달리는 아이돌 가수들의 슬픈 현실이 놓여 있죠.

게다가 아이돌은 수명이 그리 길지 않습니다. 인기가 사그라지면 미래를 걱정해야 하는 게 현실이에요. TV에 나오는 연예인들을 유심히 보면, 10년 이상 활동한 아이돌이 그리 많지 않다는 사실을 알 수 있어요. 아마 '아이돌 7년차 징크스'라는 말을 들어 봤을 거예요. 2009년 공정거래위원회는 '노예 계약' 방지와 가수 보호 차원에서 7년 표준 계약서를 도입했는데, 이는 여기에서 비롯된 말입니다. 아이돌의 계약 기간은 7년인데, 재계약을 앞두고 멤버 탈퇴나 그룹 해체가 자주 일어납니다. 대중의 인기도 5년 정도면 시들해지는 데다가 인기 멤버와 비인기 멤버의 개인 활동 편차도 크고, 30대가 되면 대부분의 그룹들이 나이나 군대 문제 때문에라도 활동을 접게 되기 때문이에요.

아이돌의 현실이 만만치는 않지만, 본인의 재능을 마음껏 펼칠 수 있다는 점에서 멋진 직업인 것은 분명합니다. 이를 통해 많은 사람들에게 희망을 전하며 선한 영향력을 미칠 수도 있고요. 방탄소년단을 비롯한 요즘의 아이돌 그룹들은 자신의 현재와 미래, 그리고 지금 이 시대를 진지하게 돌아보면서 팬들과 함께 고민하고 있어요. 연습생 시절의 고달픈 삶을 가감 없이 노랫말에 싣거나, 청춘의 대변인을 자처하며 젊은 세대가 처한 사회적 상황과 아픔을 현실감 있게 표현한 음악들로 많은 공감을 얻고 있죠. 아이돌을 꿈꾸는 10대는 장밋빛 미래만을 무조건적으로 꿈꾸기보다, 스스로를 돌아보고 재능을 키우는 데 부단히 노력해야 할 겁니다. 결코 쉬운 길은 아니지만 뜻이 있는 자에게는 매력적인 길이 분명해요. 그리고 아이돌을 좋아하는 10대는 아이돌을 일상의 에너지로 삼으며 성숙한 팬 문화를 만들어 나갔으면 합니다. 앞으로 아이돌 그룹과 팬덤 문화는 또 어떤 모습으로 변해 갈까요? 그들이 이끌어 나갈 미래도 궁금해집니다.

언어 파괴,
창조적 파괴인가
말장난인가

인간이 만든
가장 진보한
문자는?

현재 전 세계적으로 사용되는 주요 문자는 14개 정도이며, 그중에서 가장 많이 쓰이는 것은 로마자입니다. 사용자 수로 보면 '한글'의 순위는 9위로, 8,000만 명 정도가 쓰고 있죠. 현존하는 근대적 백과사전 중 가장 오랜 전통을 지니는 브리태니커 백과사전은 '한글을 능가하는 새로운 문자가 탄생하기 힘들 것이다'라며, 한글을 인간이 만든 가장 과학적이고 진보한 문자로 설명하고 있습니다. 또 2008년 노벨 문학상을 수상한 프랑스 작가 르 클레지오는 "한국어는 영어나 프랑스어와 달리 쉽게 배울 수 있는 독특한 언어다. 한글 읽기를 깨치는 데 하루면 족하다. 이것은 매우 과학적이고 의사소통에 편리한 문자다."라고 말했고, 영국의 역사학자이자 다큐멘터리 작가인 존 맨은 "한글은 모든 언어가 꿈꾸는 최고의 알파벳이다."라고 극찬했죠. 일반 백성들이 누구나 쉽게 글을 익혀 마음껏 소통할 수 있도록 하기 위해 만든 글자라는 점에서도, 한글은 우리나라 사람들뿐만 아니라 전 인류에게 큰 의미를 가진 문자라고 할 수 있어요.

현대의 상형문자, 가히 문자의 혁명이라 불릴 만한 그것! 그것은 바로 '이모티콘(emoticon)'입니다. 이모티콘은 영어에서 감정을 뜻하는 '이모션(emotion)'과 유사 기호를 뜻하는 '아이콘(icon)'이 결합되어 만들어진 용어예요. 한마디로 '감정을 표시하는 기호'를 뜻하는데, 우리말로는 그림말이라고 하죠. 이것은 컴퓨터 자판의 문자, 기호, 숫자 등이 적절히 혼합된 사이버공간 특유의 언어로, 감정이나 상황 등을 주로 표현합니다.

1982년 미국 카네기멜론대학의 스콧 팰만 교수가 개발한 웃는 표정 ':-)'과 슬픈 표정 ':-('이 시초로 꼽혀요. 당시 그는 학생들과 학교 홈페이지에서 토론하는 걸 즐겼어요. 그런데 온라인상에서 토론을 하다 보니, 누군가 한 말이 농담인지, 심각한 이야기인지 파악하기가 힘들었죠. 따라서 그는 농담으로 하는 말에는 ':-)'을, 심각한 글에는 ':-('을 같이 쓰자고 제안했어요. 이렇게 해서 이모티콘이 탄생하게 되었답니다. 현재 이모티콘은 우리나라 사람들의 절반이 애용하고 있을 정도로 대표적인 통신 언어로 통합니다.

통신 세대의
새로운 언어는
무엇?

지금부터 신조어 테스트를 해 보겠습니다. 다음에 나온 10개의 단어를 모두 안다면, 당신은 진정 능력자! '아바라, 스라밸, 꾸안꾸, 롬곡옾눞, 애빼시, TMI, 띵작, 엄근진, 존버, 만반잘부.' 각 단어의 뜻을 살펴볼까요? 먼저 아바라는 '아이스 바닐라 라떼'를 가리키는 말이고, 스라밸은 'Study and Life Balance'의 줄임말로 '공부와 삶의 균형'을 의미합니다. 이어서 꾸안꾸는 '꾸민 듯 안 꾸민 듯', 롬곡옾눞은 '폭풍 눈물', 애빼시는 '애교 빼면 시체'를 말하죠. 그리고 TMI는 'Too Much Information'의 약자로 '너무 많은 정보'를 뜻하며, 띵작은 '명작,' 엄근진은 '엄격·근엄·진지', 존버는 '존나 버틴다', 만반잘부는 '만나서 반가워, 잘 부탁해'를 의미합니다.

몇 년 전부터 한글이 스마트폰과 PC를 거치며 낯설고 괴상한 글자로 탈바꿈하고 있습니다. 이른바 '급식체, 급여체, 야민정음, 초성 놀이' 등으로 불리는 다양한 신종 언어가 온라인은 물론 오프라인까지 장악하고 있죠. 주로 젊은 층에서 두드러지는 이 현상은 사회·문화 트렌드에도 영향을 주고 있어요. 그러나 한쪽에서는 이러한 신드롬을 전혀 달가워하지 않고 있습니다. 우리 고유의 문자 한글이 장난의 도구로 소비되면서 파괴되고 있다는 인식에서죠.

10대는 '급식체'로 소통한다?

신조어(새말)는 문화의 변화에 따라 새로 생겨난 개념을 표현하기 위해 지어낸 말을 가리킵니다. 지난 5년 동안 만들어진 신조어는 한 해 평균 500개에 이른다고 해요. 누가 어떻게 만드는지 구체적으로 알 수는 없지만 20, 30대 젊은 세대들이 주요한 역할을 하고 있어요. 한 조사에 따르면 사람들이 신조어를 쓰는 가장 주된 이유는 간편하고 재미있기 때문이라고 합니다.

최근에 탄생한 신조어들을 살펴보면 개인의 감정을 효과적으로 전달하기 위한 말들이 많습니다. 특히 '핵~, 개~, 극~' 등을 말머리에 붙여 자신의 속마음을 과장되게 드러내는 말들이 많죠(핵꿀잼, 개이득, 극혐). 부조리한 사회현상을 풍자하기 위한 신조어들도 등장했습니다. '헬조선(한국 사회의 모습을 지옥에 비유), 쉼포족(휴식을 포기할 만큼 바쁘고 힘든 삶을 사는 사람들)' 등 힘든 세상살이를 나타내는 말들이 젊은 세대의 공감을 얻어 널리 퍼지고 있죠. 문법을 파괴하는 신조어가 늘어나고 있는 것도 최근의 한 경향입니다. '착한 가격, 못된 손' 등 호응되지 않는 단어를 조합하거나, '안물안궁(안 물어봤고, 안 궁금하다), ㄱㄷ(기다려)'처럼 암호 같은 줄임말이 증가하고 있어요.

요즘 신조어의 가장 큰 특징은 10대 청소년들도 많은 말들을 만들어 낸다는 데 있어요. 특히 청소년들은 낱말의 첫 음인 초성만으로도 이야기를 주고받는 경우가 많습니다. "ㅇㄱㄹㅇ?", "ㅈㅁ", "ㅃㅂㅋㅌㄹㅇ프트", "ㅇㅈ? ㅇㅇㅈ"처럼 말이에요. 이 말들의 내용을 풀어 보면 다음과 같습니다. "이거 레알(정말이야)?", "잠만(잠깐만)", "빼박캔트 레알 팩트(빼도 박도 못할 만큼 정말 사실이야)", "인정? 어 인정".

급식을 먹는 10대 청소년들이 주로 쓴다고 해서 '급식체'라고 불리는 이 언어들은 SNS나 메신저 등을 통해 빠르게 퍼져 나가면서 일상생활에서도 자주 쓰이고 있습니다. 급식체는 의미를 쉽게 알 수 없을 만큼 지나치게 말을 줄여 쓰거나 '인정따리인정따 쿵취따취샘오취리갈취따취'처럼 별 뜻 없이 비슷한 말들을 나열하는 등 의미와 형태를 다양하게 변형시킨 말들을 가리켜요. 상스럽거나 속된 말을 연결해 쓰는 경우도 많습니다. 예를 들어 '매우'를 뜻하는 비속어인 '개'를 말머리에 붙여 '개이득(큰 이득), 개쩐다(매우 좋다)'처럼 어감이 좋지 않은 말들도 일상어처럼 사용되고 있죠. 그 밖에 '동의? 어 보감'처럼 상대방의 동의를 구할 때 '동의?'라고 물어보면 동의한다는 뜻으로 '어 보감'이라고 대답하는 식의 말도 있답니다.

나아가 표준어지만 그 뜻과 다르게 쓰이는 말들도 있습니다. 10대들이 일상생활에서 자주 사용하는 유행어인 '오지다'와 '지리다'의 경우가 그러합니다. '야무지고 알차다'라는 뜻의 '오지다', '똥이나 오줌을 참지 못하고 조금 싸다'라는 뜻의 '지리다'를 놀랍고 대단하다는 느낌을 표현할 때 흔히 사용하는 것이죠. 또 밥도둑이라는 단어는 원래 '입맛을 돋워 밥을 많이 먹게 하는 반찬'을 뜻하지만, 10대들에겐 '뜻밖의 행운'을 의미한다고 해요. 한 단어가 세대 간에 전혀 다른 의미로 쓰이고 있는 거예요.

10대 청소년들에게 급식체가 있다면 직장인들에겐 '급여체'가 있습니다. 급여체란 주로 직장인들 사이에서만 쓰이는 일종의 은어예요. 급식체처럼 줄임말을 쓰거나 직장 생활에서 흔히 쓰이는 용어들을 변형하는 경우가 많습니다. 'dgg(똑같게), 아삽(ASAP, As Soon As Possible, 가능한 빨리), 피드백 요청드립니다(확인 부탁드립니다), 사이즈베리(Size Variation, 시안의 사이즈를 바꾸다), 후려치다(예산을 깎다)' 등의 말들은 직장 내 소통을 원활하게 하고, 특정 직업인들 사이에 친목이나 공감대를 형성하는 역할을 합니다. 그러나 어법에 맞지 않는 말들이 너무 빠르게 퍼져 나간다는 점은 문제예요.

한편 '야민정음'이라는 것도 있습니다. 이것은 한 야구 동호회 모임에서 모양이 비슷한 글자로 만든 새로운 말을 가리켜요. '광 → 팡, 유 → 윾, 근 → ㄹ, 왕 → 앟' 등으로 일부 한글을 바꾸거나, '金 → 숲, 辛 → 푸' 등처럼 한자를 대신해 그와 비슷한 모양의 한글을 쓰기도 해요. 10대들이 자주 쓰는 '띵작(명작), 커엽다(귀엽다), 댕댕이(멍멍이)' 등도 그 예죠. 심지어 글자를 옆으로 눕히는 경우도 있습니다. 강을 '눙'으로 쓰거나 육군이라는 단어를 뒤집어서 '곤뇽'으로 쓰는 식이죠.

형식 파괴의 원조, 통신 언어

오늘날 언어 파괴 열풍의 일등공신은 뭐니 뭐니 해도 인터넷과 휴대전화입니다. 온라인상에서 활발히 쓰이는 언어를 '통신 언어'라고 부르는데, 통신 언어는 1990년대에 등장한 'PC 통신'과 역사를 나란히 해요. 그 당시 네티즌들은 접속 시간에 비례해 부과되는 통신 요금을 아끼기 위해 채팅할 때 줄임말을 즐겨 사용했습니다. 가령 인사말 '반가워요'를 '방가'로, '안녕하세요'를 '하이'로 대체하는 식이었죠. 이것이 오프라인과 구분되는 통신 언어의 유래가 됐습니다. 이후 휴대전화의 발달로 문자메시지가 커뮤니케이션의 주축으로 떠오르면서, 통신 언어는 더욱 다양해졌습니다.

통신 언어는 PC와 스마트폰에서 주로 사용되기 때문에 오프라인 언어와는 다른 몇 가지 특징을 가져요. 우선 입말(구어)과 글말(문어)이 혼합된 것이 대표적입니다. 예를 들어 '추카추카(축하합니다)'처럼 받침이 생략된 채 소리 나는 대로 쓰이거나, '어솨요(어서 오세요)', '행니이이이~~임'처럼 음절이 늘거나 준 경우를 꼽을 수 있습니다. 그리고 단어나 문장이 '~넹', '~각' 등 독특한 종결어미로 끝나기도 해요. 이모티콘, 스티커 등 그림 글자나 사진, 동영상 등 시각적 요소의 비중이 높은 것도 특징입니다. 온라인을 기반으로 하고 있어 빠르게 널리 확산되는 것도 대표적인 특징이에요. 그 덕분에 통신 언어는 20여 년 만에 우리말에서 매우 중요한 위상을 차지하게 됐습니다.

통신 언어에는 순기능과 역기능이 공존합니다. 사람들이 감정이나 개성을 다양한 방식으로, 자유롭게 표현할 수 있게 된 것은 통신 언어가 지닌 긍정적인 기능으로 꼽힙니다. 이로써 사람들 사이의 소통이 활발해지고 친밀감이 높아졌죠. 또 세계 각지 사람들이 시공간의 제약 없이 활발히 교류할 수 있게 됐습니다. 그런가 하면 뛰어난 개방성과 창조성을 무기로 언어의 세계를 확장한 것도 통신 언어의 활약으로 꼽힙니다. 사람들은 마주 보고 대화하거나 서신 등을 교환할 때보다 온라인상에서 소통할 때 표현에 훨씬 관대한 경향을 보여요. 표현이 훨씬 다양해짐으로써 언어가 일상생활의 활력소가 됐다는 평가도 있습니다. 재치와 위트가 넘치는 글귀들이 네티즌에게 휴식이자 신선한 자극이 되어 주고 있죠. 그러나 같은 현상을 두고도 비판적인 견해가 존재해요. 지나친 줄임말과 어법 파괴가 한글을 훼손하고 있다는 게 대표적입니다. 실제로 어린이와 청소년들의 맞춤법 실력이 갈수록 저하되고 있다는 평가가 있어요. 그뿐 아니라 신종 언어를 모르는 사람들로 하여금 소외감, 단절을 느끼게 한다는 지적도 있죠. 언어가 소통 단절의 주범이 되고 있는 겁니다. 마지막으로 통신 언어가 익명성을 무기로 거친 표현과 인격 모독을 일삼는다는 비판도 있습니다.

언어유희, 언어의 사회적 기능을 위협하다

이러한 언어 파괴 현상은 대중의 기호와 트렌드를 반영하는 방송 프로그램에서도 나타납니다. 최근에는 시청자들의 호기심을 끌기 위해 프로그램 제목을 신조어나 어법에 맞지 않는 말로 만드는 경우가 많습니다. 실제로 tvN에서는 2부작 드라마 제목을 '좋맛탱'이라 지었고, SSG닷컴은 광고에서 SSG를 한글로 표현한 'ㅅㅅㄱ'을 '쓱'이라 부르며 광고에 등장하는 대사의 모든 자음을 ㅅ과 ㄱ으로 바꿔 이슈를 불러일으켰죠. 한편 몇 년 전 한 공영 방송에서 드라마 제목을 '세상 어디에도 없는 차칸 남자'라고 정했다가 한글 단체의 항의로 방송 2회 만에 '차칸 남자'를 '착한 남자'로 바꾼 일도 있었어요. 그 밖에 인기 프로그램의 출연자들, 인기 유튜버들이 사용하는 비속어나 어법에 맞지 않는 표현들이 유행어가 되기도 합니다. '깨알 같다', '리얼 돈다', '오졌다리', '인정? 어 인정', '응 아니야', '개꿀' 등이 이에 해당하는 말이죠.

그렇다면 왜 젊은이들은 언어를 변형시켜 새로운 무언가를 자꾸 만들어 내는 걸까요? 가장 큰 이유는 재미를 추구하기 위해서입니다. 기발하고 톡톡 튀는 아이디어로 언어를 창조하는 자유, 오래된 규범과 낡은 전통을 깨면서 느끼는 쾌감, 수수께끼처럼 단어를 추리하는 재미가 색다른 즐거움을 주는 거죠. 이로써 언어생활이 하나의 놀이처럼 변해 가는 것입니다. 그런가 하면 신종 언어는 특정 집단의 구성원이 결속하고 유대감을 강화하는 계기를 마련해 주기도 합니다. 자기들끼리만 알아들을 수 있는 은어를 공유함으로써 공감대가 형성되기 때문이에요. 앞서 살펴본 '급식체'와 '급여체'도 이에 해당하는 사례입니다.

지금 우리의 문제는 인터넷의 발달로, 언어 파괴 양상이 예전과는 비교가 되지 않을 정도로 즉각적이고 광범위하다는 데에 있습니다. 청소년들이 사용하는 신조어·축약어가 원래의 의미는 사라진 채, 그들만의 언어가 되어 가고 있다는 겁니다.

물론 특정한 집단이나 세대는 비밀을 유지하거나 더욱 가깝게 소통하기 위해 언어를 변형시키곤 합니다. 하지만 단순히 남을 비하하거나 비난하는 표현, 혐오감을 부르는 낯선 말들은 다른 집단이나 세대와의 소통을 단절시키는 원인이 되므로 바람직하지 않습니다. 이런 말들은 사회적 소통을 어렵게 만들고, 오해와 갈등을 불러일으키기도 하죠. 어떤 언어를 어떻게 쓰느냐는 사회생활에서 매우 중요합니다.

언어, 파괴에서 소통으로

　소통은 언어의 존재 이유이자 언어가 갖는 가장 강력한 기능입니다. 비단 인간만이 아니라 다른 동물들도 다양한 방식으로 소통합니다. 코끼리는 인간이 들을 수 없는 아주 낮은 소리로 넓은 초원에서도 서로 연락을 취합니다. 고래는 휘파람 소리나 신음 소리 등으로 동료들과 정보를 교환하고요. 새들은 다양한 울림과 곡조로 대화를 나눕니다. 심지어 방언까지 있을 정도죠. 하지만 그중에서도 인간은 그 어떤 동물들과도 비교할 수 없을 정도로 놀라운 언어·소통 능력을 갖고 있습니다. 같은 영장류인 침팬지와 고릴라들에게도 인간처럼 음절이나 문법을 이용해 다양한 뜻을 가진 단어, 수많은 문장을 만들 수 있는 능력은 없습니다. 무엇보다 인간의 언어가 강력한 힘을 지니는 이유는 우리가 그 어떤 동물도 갖지 못한 중요한 전제 조건을 공유하고 있기 때문입니다. 바로 내가 상대방의 말을 이해하고 상대방 역시 내 말을 이해할 거라는 사실을 이미 서로 잘 알고 있다는 것이죠.

　언어는 인류의 생존과 발전을 이끌어 온 가장 강력한 힘이었습니다. 언어라는 사회적 약속 체계 속에서 함께 대화하는 상대방을 이해하고 소통을 꾀하며, 인류의 역사는 오늘날까지 이어지고 있습니다. 언어는 시대적·문화적 환경에 따라 생성되고 발전하며 소멸하는 등 계속해서 변화합니다. 이는 언어가 가진 고유한 특성 중 하나죠. 이처럼 언어를 사용하는 사람들에 의해 새로운 말들이 생겨나고 쓰지 않는 말들이 사라지는 것은 매우 자연스러운 현상입니다.

하지만 그 과정에서 때로는 과도하게 급진적·파괴적인 언어 변화가 생겨나기도 해요. 오랜 세월 공동체의 질서와 규범을 유지하고, 문화적 전통과 가치관을 보존하는 수단이었던 언어. 언어는 한 시대의 문화와 가치를 반영하고, 삶의 방식과 조건을 드러내며, 집단과 개인의 정체성을 확인시켜 주는 매개체입니다.

지금 우리가 쓰고 있는 한국어는 세계의 그 어떤 언어보다 우리의 삶과 정체성을 고스란히 담고 있습니다. 따라서 우리말이 지닌 특성과 가치를 지키고 보존하는 것은 매우 중요한 일입니다. 하지만 그와 동시에, 시대의 변화에 따라 언어 규범을 변화시켜 나가며 그를 통해 새로운 사회 문화적 가치를 만들어 가는 젊은 세대의 창조적 에너지도 존중하고 지지해야 합니다.

현재 통신 언어의 중심은 컴퓨터에서 모바일로 옮겨 가고 있습니다. 오늘날 모바일 세대는 태어날 때부터 스마트 기기를 자연스럽게 접하며 그것을 사용하는 데 매우 익숙합니다. 이에 따라 언어 파괴 양상 또한 과거와는 질적으로 차이를 보입니다.

뜻을 짐작조차 할 수 없을 정도로 지나치게 변형되고 축약된 말들, 정체 모를 은어들, 비하와 혐오 표현이 담긴 신조어들, 폭력적이고 불쾌감을 주는 언어들을 생각 없이 사용하는 것은 위험한 일입니다. 언어는 세상을 인식하고 바라보는 창으로, 우리의 생각과 판단에 무의식적이든 의식적이든 큰 영향을 주기 때문입니다. 올바른 언어가 파괴된다면 올바른 생각과 가치도 파괴되고, 결국 올바른 세상마저 파괴됩니다. 이것은 경고가 아니라 분명한 사실입니다.

유튜브 혁명,
재미와 다양성으로
세상을 변화시키다

전 세계에서
가장 많은 수입을
올리는 유튜버는
누구?

최근 1인 미디어 열풍이 불면서 유튜버(유튜브 크리에이터)가 아이들의 장래 희망으로 자리 잡기 시작했어요. 그렇다면 전 세계에서 가장 많은 수입을 올리는 유튜버는 과연 누구일까요? 2017년 6월부터 1년간 벌어들인 수입을 기준으로 가장 돈을 많이 번 유튜버는 미국 텍사스주에 사는 7살 꼬마 '라이온'이에요. 라이온은 엄마의 도움을 받아 라이온 토이스리뷰(Ryan Toysreview) 채널을 운영하고 있는데, 작년에 벌어들인 돈이 무려 2,200만 달러(약 260억 원)였다고 해요. 그는 주로 새 장난감이나 제품 등이 나오면 그걸 뜯어서 조립하거나 시연하는 등 신제품을 선보이는 '언박싱(unboxing)'을 기반으로 한 콘텐츠를 선보이고 있죠. 한편 2위는 다양한 일상을 올리는 제이크 폴(Jack Paul, 수입 2,150만 달러), 3위는 스포츠 아티스트 그룹 듀드 퍼펙트(Dude perfect, 2,000만 달러), 4위는 게임 유튜버 다니엘 미들턴(DanTDM, 1,850만 달러), 5위는 메이크업 아티스트 제프리 스타(Jeffree Star, 1,800만 달러)가 차지했어요.

흔히 가장 구독자 수가 많은 유튜브 채널을 말할 때는 개인이 운영하는 곳을 꼽는 경우가 많죠. 그렇다면 단체, 기업, 개인을 가리지 않고 우리나라에서 가장 구독자 수가 많은 유튜브 채널은 무엇일까요? 지금부터 TOP 5를 공개합니다(2019. 7. 31. 기준)! 1위는 '유튜브 퀸'이라 불리는 블랙핑크의 공식 유튜브 채널인 'BLACKPINK'가 차지했습니다. 구독자 수가 무려 2,873만 명이나 되네요. 2위는 방탄소년단이 소속된 빅히트엔터테인먼트 공식 유튜브 계정 'ibighit'로, 구독자 수는 2,784만 명이에요. 그리고 3위에는 키즈 콘텐츠를 만드는 '[토이푸딩]ToyPudding TV'(2,551만 명)가 올랐어요. 4위 역시 키즈 콘텐츠를 만드는 'Pinkfong! Kids' Songs & Stories'(2,141만 명)가 차지했죠. 특히 핑크퐁은 "아기 상어 뚜 루루 뚜루 귀여운 뚜 루루 뚜루~"라는 중독성 있는 가사로 이루어진 〈상어 가족〉 노래로 유명해요. 끝으로 5위는 전 세계인에게 사랑받고 있는 보이 그룹 방탄소년단의 유튜브 채널 'BANGTANTV'(2,094만 명)가 차지했답니다.

우리나라에서 가장 구독자 수가 많은 유튜브 채널은?

스마트폰이 사람들의 일상을 지배하는 사회, 요즘은 그 중심에 '유튜브 (YouTube)'가 있습니다. 유튜브는 세계에서 이용자 수가 가장 많은 동영상 사이트로, 10대는 물론 60대에 이르기까지 다양한 연령층이 유튜브 시청에 빠져들고 있죠. 뉴스, 영화, 음악, 게임은 물론 시시콜콜한 일상까지 다루는 유튜브를 통해 우리는 수많은 정보를 접하고 전 세계 사람들과 소통할 수 있게 되었어요. 유튜브는 '당신'을 뜻하는 영어 'You' 와 '진공관' 또는 'TV'를 뜻하는 'Tube'가 결합된 이름입니다. 이름 그대로 '당신이 곧 미디어(You=Tube)'란 의미를 담고 있죠. 전 세계 최대 동영상 플랫폼으로 한 달 평균 18억 명이 이용하고 있으며, 분당 400시간이 넘는 분량의 신규 동영상들이 업데이트되고 있어요. 전 세계 영화·방송 클립, 뮤직비디오 등을 비롯해 1인 크리에이터들이 창작한 방대한 양의 콘텐츠들이 집결되고 있죠.

TV 본다? 아니, 유튜브 한다!

현재 유튜브는 전통적인 미디어들을 제치고 영상 업계에 지각 변동을 일으키고 있습니다. 요즘은 거실에서 TV를 시청하기보다, 언제 어디서나 사용할 수 있는 스마트폰으로 원하는 동영상을 보는 것이 하나의 문화로 자리 잡았어요. 이런 가운데 유튜브는 TV의 아성을 위협하는 한편, 전체 스마트폰 애플리케이션(메신저·포털 사이트·SNS 포함) 중에서 가장 인기 있는 플랫폼으로 떠올랐죠.

국내의 한 애플리케이션 분석 업체의 통계에 따르면, 2019년 4월 기준 우리나라 국민의 유튜브 총 사용 시간은 한 달에 338억 분으로 나타났어요. 그 뒤를 카카오톡(225억 분), 네이버(153억 분), 페이스북(42억 분)이 뒤따르고 있죠. 유튜브를 가장 많이 이용하는 세대는 50대로 평균 101억 분이었고, 이어서 10대 89억 분, 20대 81억 분, 30대 61억 분, 40대 57억 분을 기록했어요.

하지만 1인당 평균 사용 시간을 따져 보면 다른 결과가 나옵니다. 1인당 평균 사용 시간은 10대 1,895분(월 31시간 35분), 20대 1,652분(월 27시간 32분), 30대 988분(월 16시간 28분), 40대 781분(월 13시간 1분), 50대 이상 1,045분(월 17시간 25분) 순이었다고 해요. 결국 그만큼 50대는 이용자가 많고, 10대는 이용 시간이 길다는 이야기가 되겠죠.

유튜브가 전 세대에 걸쳐 뜨거운 인기를 얻고 있는 데는 '동영상 검색'이라는 새로운 트렌드가 배경으로 작용합니다. 과거에는 누구나 궁금한 것이 생기면 포털 사이트에 들어가 검색 창에 관련 키워드를 입력했어요. 블로그나 포스트, 백과사전, '지식iN', 뉴스 등을 통해 다양한 정보를 수집하는 것이 지식사회에서의 경쟁력이었죠. 그런데 요즘은 유튜브에서 관련 영상을 찾아보는 경우가 흔해졌습니다. 고전적인 '읽는' 검색에서 '보고 듣는' 검색으로 트렌드가 바뀌고 있는 거예요.

이 같은 현상은 어린 연령대에서 더욱 뚜렷하게 나타납니다. 각종 스마트 기기와 모바일 앱 사용에 능숙한 요즘 10대는 모든 궁금증을 유튜브 동영상 검색으로 해소하고 있어요. 이들을 일컬어 'Z세대'(1990년대 중반~2000년대 초반 출생)라고 하는데, Z세대는 어려서부터 디지털 환경에 폭넓게 노출되어 있어 '디지털 네이티브(Digital Native)'라고도 불려요. 이들에게 현재 유튜브는 가장 편한 쉼터이자 학교이며, 세상을 바라보는 창으로 통합니다. 특히 가정, 학교, 학원 등 제한된 환경에서 생활하는 10대는 세상을 향한 다양한 갈증을 유튜브로 해소하려는 경향을 보이죠.

사실 요즘 10대가 지식 콘텐츠로 텍스트보다 동영상을 선호하는 데는 뚜렷한 이유가 있습니다. 영상은 많은 양의 정보를 글보다 훨씬 쉽고 빠르게 전달하거든요. 현재 유튜브에는 개인이 올린 다양한 정보들이 존재해요. '드론 날리는 법', '앞머리 자르는 법', '환전하는 법', '팔뚝 살 빼는 법' 등 실질적이고 다양한 정보들이 실시간으로 업데이트되고 있죠.

같은 동영상 앱인 '네이버TV'의 경우 '드론'을 검색하면 드론의 역사나 제작 기술 등 지식 위주의 콘텐츠가 많은 반면, 유튜브에는 드론을 날리는 방법에 관한 실질적인 정보들이 압도적으로 많습니다. 그러다 보니 일명 '하우투(how-to)', 곧 실용적인 방법이나 기술 정보 같은 검색을 유튜브가 장악하고 있는 상황이에요. 유튜브 검색 열풍에는 포털 사이트의 광고 비중이 높아지며 정보의 신뢰도가 하락한 것도 한몫을 했습니다.

유튜브, 어떻게 시작되었을까?

그렇다면 유튜브는 언제, 어떻게 시작되었을까요? 유튜브는 '페이팔(PayPal)' 출신 직원들이 지난 2005년에 공동 창립한 회사예요. 페이팔은 전 세계적으로 사용되는 온라인 전자 결제 시스템을 제공하는 미국 기업이죠. 사실 유튜브의 출발은 작은 아이디어에서 비롯됐습니다. 창업자 중 한 명인 스티브 첸Steve Chen이 파티에서 여러 친구들과 함께 찍은 동영상을 단체 전송하거나 공유할 플랫폼이 없다는 데 불편함을 느낀 것이 계기가 됐죠. 그는 앞으로 동영상 촬영이 보편화될 거라고 예상하고, 누구나 동영상을 쉽게 공유하는 사이트를 개발하기로 결심했습니다. 그렇게 해서 사용자 창작 콘텐츠(UCC, User Created Contents) 공유 서비스를 제공하는 회사 유튜브가 탄생했어요.

하지만 유튜브가 사용하는 데 불편하거나 재미가 없었다면 이렇듯 많은 사람들이 이용하진 않았겠죠. 유튜브가 전 세계 사람들의 마음을 사로잡을 수 있었던 이유는 여러 가지가 있어요. 첫째, 유튜브는 동영상을 쉽게 업데이트하고 공유할 수 있습니다. 유튜브가 생기기 전까지만 해도 동영상 서비스들은 고용량의 원본 파일을 제공해 서버에 큰 부담을 주었어요. 따라서 유튜브 창업자들은 동영상 원본을 업로드하면 이를 저용량의 플래시로 자동 변환시키는 기술을 개발했죠. 그 결과 누구나 직접 촬영·편집한 영상을 가지고, 쉽게 채널을 만들어 업로드할 수 있게 되었어요.

둘째, 유튜브는 간편합니다. 누구나 직접 촬영·편집한 영상을 가지고, 쉽게 채널을 만들어 업로드할 수 있죠. 다른 동영상 사이트의 경우 영상 업로드의 경로가 제한적인 데 비해 유튜브는 접근성이 뛰어납니다. 그 덕분에 상당량의 동영상이 축적될 수 있었죠.

셋째, 유튜브는 기존 매체에 비해 표현이 자유로워서, 소수를 타깃으로 한 맞춤 영상이나 개성 강한 콘텐츠를 제작하기에 유리합니다. 따라서 게임·먹방·뷰티·음악 등 다양한 주제의 수많은 콘텐츠들이 올라오고 있죠. 요즘 큰 인기를 끌고 있는 'ASMR'*이나 '브이로그(VLOG)'** 등도 유튜브를 통해 주목받은 콘텐츠들이랍니다.

넷째, 사용자에게 친밀감을 줍니다. 요즘 젊은 세대는 콘텐츠를 선택할 때 '질'보다는 진정성을 바탕으로 한 '공감'에 더 많은 무게를 둡니다. 따라서 유튜브를 이용할 때도 관심 분야나 정서적으로 동질감을 느끼는 채널을 찾아서 시청하는 경향을 보이죠. 크리에이터들도 이 점을 염두에 두고, 섬세하고 진솔한 방송을 표방하고 있습니다.

다섯째, 제작자와 시청자의 쌍방향 소통이 가능합니다. 누군가 동영상을 올리면, 이를 시청한 사람이 '좋아요' 혹은 '댓글' 등으로 반응을 표현하며 피드백을 줄 수 있죠. 타인과 무언가를 공유하고 소통한다는 점에서 SNS의 성격도 띠고 있습니다. 유튜브는 현재 라이브 방송에서 채팅 기능을 도입해 더욱 활발한 소통을 실현하고 있어요.

이러한 유튜브의 성장 가능성을 진작에 알아본 구글은 2006년에

* 'Autonomous Sensory Meridian Response'의 약자로, 기분 좋은 자극(일상적인 소리)으로 심신의 안정을 유도하는 콘텐츠를 말한다.
** '비디오(video)'와 '블로그(blog)'의 합성어로 개인의 일상을 담은 동영상을 가리킨다.

'전 세계의 정보를 정리해 누구나 편리하게 이용하도록 한다'는 목표로 유튜브를 인수했어요. 구글은 이때의 탁월한 결정으로 전 세계의 동영상 정보까지 접수한 세계 최대의 검색 기업이 되었답니다.

나는 유튜버입니다

유튜브의 큰 인기에 힘입어, 최근에는 유튜브에 동영상을 올리는 '유튜버(Youtuber)'가 되기를 원하는 사람들도 크게 늘어났습니다. 특히 초등학생들 사이에서는 선망의 직업으로 떠올랐죠. 2018년 6~7월, 교육부와 한국직업능력개발원이 전국 초등학생을 대상으로 장래 희망을 조사한 결과에 따르면, 해당 조사가 시작된 이래 처음 이름을 올린 유튜버가 단숨에 5위에 올랐다고 해요. 1위는 운동선수(9.8%), 2위는 교사(8.7%), 3위는 의사(5.1%), 4위는 요리사(4.9%)였습니다.

특히 유튜버 가운데 직접 동영상을 제작해 올리는 사람들은 창작자라는 뜻의 '크리에이터(creator)'라고도 불려요. 유튜브가 급성장하고 엄청난 인기를 얻을 수 있게 된 가장 큰 이유는 재능 있는 크리에이터 덕분이라 해도 과언이 아닙니다. 다양한 분야에서 역량을 발휘하는 인기 크리에이터들이 늘고, 그들이 질 높은 콘텐츠로 시청자들과 소통하면서 유튜브의 세계는 더욱 확장되고 있죠. 그러면 지금부터 현재 우리나라에서 가장 인기 있는 개인 유튜버 TOP 3를 비롯해(2019년 7월 31일 기준), 대표적인 스타 유튜버들을 살펴보도록 하겠습니다.

대망의 1위는 바로 '커버곡'의 장인 '제이플라'(JFlaMusic)입니다.

국내 개인 유튜버 중 가장 많은 구독자(1,309만 명)를 보유하고 있으며, 전 세계적으로 영향력을 행사하고 있죠. 주로 팝 음악의 커버 영상을 업로드하는데, 자신만의 스타일로 훌륭하게 재해석해 인기를 끌고 있어요. 국내 개인 크리에이터 최초로 1,000만 구독자를 돌파해 유튜브가 부여하는 '다이아 버튼'을 받기도 했습니다.

2위는 기타 크리에이터 '정성하'(Sungha Jung)가 차지했군요. 구독자 수는 584만 명으로, 기타 연주 영상을 업로드합니다. 열 살 때부터 기타 연주를 시작한 정성하는 2006년부터 아버지가 유튜브에 연주 동영상을 올리며 유명해졌다고 해요. 이제 열 살 꼬마는 스물네 살의 청년이 되었죠. 특히 그의 유튜브는 취미로 기타를 치던 한 소년이 청년 뮤지션이 되기까지의 과정이 고스란히 담겨 있어 더욱 감동을 줍니다.

3위는 뷰티 크리에이터 '포니'(PONY Syndrome)랍니다. 521만 명의 구독자를 보유한 포니는 원래 그래픽 디자이너였다고 해요. 뷰티 블로그를 운영하다가 메이크업 북을 출간하고, 포니의 뷰티 다이어리를 론칭하면서 유튜브를 운영하기 시작했다고 하네요. 그 뒤 가수 씨엘(CL)의 메이크업 아티스트로 활동하면서 대중에게 알려지기 시작했습니다.

그 밖에 유명한 국내의 스타 유튜버로는 '밴쯔'를 꼽을 수 있어요. 구독자 수는 315만 명으로, 한 달 방송용 식비만 500만 원 정도가 소요될 정도로 엄청난 식사량을 자랑하는 '먹방'계의 1인자로 유명하죠. 깔끔하고 시원시원한 먹방으로 많은 사람들의 사랑을 받고 있습니다. 그리고 '1인 미디어 콘텐츠의 선구자'로 손꼽히는 '대도서관'도 빼놓을 수 없겠죠. 대도서관은 '유튜브계의 유재석'이라 불릴 만큼 뛰어난 말솜씨를 자랑해요. 현존하는 모든 장르의 게임 콘텐츠를 소개하는 유튜버로, 구독자 수는 185만 명입니다. 한편 '이사배'(구독자 수 217만 명), '영국남자'(333만 명), '허팝'(325만 명), '보겸'(342만 명) 등도 스타 유튜버로 이름을 날리고 있습니다.

그런데 여기서 한 가지 궁금증! 유명 가수나 탤런트, 영화배우 등은 대부분 기획사가 있어서, 기획사의 지원을 받으며 일을 합니다. 그렇다면 이들 1인 크리에이터들은 어떤 방식으로 일을 할까요?

아직 인기를 많이 얻지 못한 크리에이터들은 스스로 모든 것을 준비해야 하지만, 스타 유튜버들은 다릅니다. 아이돌 스타에게 연예 기획사가 있다면, 스타 유튜버들에게는 'MCN'이 있죠. MCN은 '다중 채널 네트워크(Multi Channel Network)'의 약자로, 1인 미디어가 인기를 끌면서 생겨난 크리에이터들의 기획사라고 할 수 있어요. 이들은 크리에이터들과 제휴해 콘텐츠 제작, 저작권 관리, 콘텐츠 유통 등을 지원해 주고 콘텐츠로부터 나온 수익을 창작자와 나눠 갖습니다.

현재 MCN은 콘텐츠를 직접 기획하거나 세계 각국의 동영상 서비스 업체들과 제휴를 맺어 동영상을 제공하는 등 여러 방면으로 영향력을 확대해 가고 있습니다. 우리나라의 대표적인 MCN 회사로는 'DIA TV', '트레져헌터', '샌드박스 네트워크' 등이 있어요. DIA TV에는 '보겸, 밴쯔, 감스트, 대도서관' 등이 소속되어 있고, 트레져헌터에는 '양땅', 샌드박스 네트워크에는 '도티', 비디오빌리지에는 '고퇴경' 등이 소속되어 있습니다.

유튜버, 성공 신화의 그림자

유튜브가 성공을 거두면서, 유튜브 외에도 간편하게 동영상을 올리고 공유할 수 있는 사이트들이 계속해서 생겨나고 있어요. 미디어 세상에 혁명과도 같은 변화가 일어나고 있죠. 이와 더불어 '1인 미디어'에 대한 관심도 크게 늘고 있습니다.

1인 미디어란 개인 혼자서 글, 사진, 영상 등의 콘텐츠를 기획해 제작하고 유통시키는 것을 말합니다. 유튜브 콘텐츠를 직접 제작하는 크리에이터들 중에는 촬영부터 편집까지 온전히 혼자 작업하는 사람들이 많습니다. 그들은 진행자의 역할까지 하며 시청자들과 함께 방송을 만들어 가죠. 기존 TV 프로그램들의 경우 평균적인 시청자들에게 맞춰 대중적으로 인기를 얻을 만한 방송이 주를 이뤘다면, 1인 방송에는 게임, 뷰티, 요리, 일상 등 시청자들 각각의 취향을 저격하는 각양각색의 채널이 가득합니다. 시청자들은 유튜버들과 쌍방향으로 소통하면서 높은 친밀감과 함께 새로운 재미를 느끼고 있어요.

점차 1인 방송의 인지도와 영향력이 높아지자, 1인 방송을 진행하는 유튜버에 대한 광고주들의 관심도 더욱 커지고 있습니다. 방송가에서도 유튜버 개인 또는 그들의 방송 포맷을 프로그램에 적극적으로 활용하면서 이들을 주목하고 있죠. 유튜브, 그리고 크리에이터들은 현재 미디어 세계에 일어나는 새로운 변화의 중심에 서 있습니다.

그뿐 아니라 유튜버는 요즘 청소년들 사이에서 인기 장래 희망 중 하나로 꼽혀요. 단지 취미에서 끝나는 게 아니라 '내가 좋아하는 일로 돈을 벌 수 있다'는 인식이 생겨나면서, 많은 사람들이 유튜버를 '직업'으로 받아들이게 되었죠. 장기 경기 침체와 불황, 높은 취업난 속에서 이제 유튜버들은 많은 사람에게 꿈의 직업으로 평가받고 있습니다.

그렇다면 직업으로서 유튜버가 갖는 매력은 무엇일까요? 가장 큰 장점은 학력이나 나이, 성별, 외모 등에 제한이 없다는 겁니다. 또 고정된 출퇴근 시간 없이 일하고 싶을 때 일하고, 쉬고 싶을 때 쉴 수 있다는 점도 매력 중 하나죠. 그리고 정년퇴직이나 해고의 공포가 없고, 사회적 영향력이 높아지고 있다는 것도 매력 포인트로 꼽혀요.

하지만 빛이 밝으면 그늘도 깊은 법이죠. 사실 유튜버로 성공해 생계를 유지하기란 쉬운 일이 아닙니다. 유튜버들은 대부분 영상에 삽입되는 광고를 통해 수익을 얻습니다. 광고는 구글의 광고 중개 시스템 '애드센스(AdSense)'를 통해 지원받을 수 있어요. 연간 구독자 수 1,000명, 채널 시청 시간 4,000시간 이상인 유튜버는 애드센스에 가입해 구글에서 제공한 광고를 다운받아 자신의 유튜브 채널에 게재할 수 있죠. 이후 유튜브 구독자가 광고를 클릭하면 광고주는 구글에 광고비를 지급하고, 이를 구글과 유튜버가 나눠 갖게 됩니다.

업계에서는 구독자가 동영상을 한 번 볼 때마다 1원가량의 수익이 유튜버에게 돌아가는 것으로 알려져 있지만, 수익이 꼭 조회 수에 비례하진 않아요. 동영상의 시청 시간이나 조회 수 등을 애드센스의 알고리즘으로 조정해 수익을 배분하기 때문이죠.

한국방송광고진흥공사에 따르면, 현재 유튜브에서 활동하는 개인 크리에이터와 MCN 회사 소속 크리에이터의 1만여 개 채널 가운데 연간 1억 원 이상의 수익을 얻는 채널은 100개 정도에 불과하다고 해요. 대부분의 채널은 한 달에 100만 원의 수익도 얻지 못하죠. 유튜버로 성공해 생계를 유지하는 일은 생각보다 쉽지 않아요. 일부 유튜버들은 조회 수를 높일 목적으로 선정적이고 비도덕적인 내용이 담긴 영상을 올려 문제가 되고 있고요.

외국의 예를 볼게요. 구독자 수 1,966만 명(2019. 7. 31. 기준)에 연간 1,450만 달러(약 166억 원) 정도 되는 돈을 벌어들이는 미국의 유튜브 스타 '로건 폴'은 일본 여행 중에 자살 숲으로 유명한 '아오키가하라 숲'에서 우연히 자살자로 추정되는 시체를 발견했습니다. 그는 이 주검을 촬영하고 편집한 영상을 유튜브에 올리는 것도 부족해, 자살자를 희화화하는 어처구니없는 행동을 했죠. 로건 폴은 청소년들에게 부정적인 영향을 미치고, 유족의 마음을 아프게 했다는 극심한 비난 속에 하루 만에 영상을 내려야 했어요. 하지만 이미 650만 명이 동영상을 시청한 뒤였죠. 그 뒤 로건 폴은 '우울증이나 자살의 심각성을 경고하기 위한 목적'이었다고 해명했지만 논란은 쉽게 가라앉지 않았습니다. 이처럼 사회적으로 논란이 될 만한 동영상이 올라오는 것에 대해 유튜브가 책임을 지고 대책을 마련해야 한다는 목소리가 점점 높아지고 있습니다.

유(YOU)튜브는 위(WE)튜브다

부적절한 동영상이 큰 문제가 되자, 2018년 유튜브는 창사 이래 처음으로 가이드라인 위반으로 삭제된 동영상의 규모를 발표했어요. 주로 극단주의와 혐오 발언, 미성년자들에게 부적절한 성적 표현 등이 담긴 동영상으로, 2017년 10월에서 12월까지 3개월 동안 삭제된 동영상 수만 828만 개에 이를 정도였다고 합니다. 전 세계적으로 하루에 9만 건 이상의 부적절한 동영상이 올라온다는 것을 유튜브 스스로 밝힌 셈이죠. 그런데 유튜브 측은 사전에 어떤 동영상이 올라올지 파악하는 것이 불가능하고, 수많은 영상을 일일이 검사해 문제가 있는 동영상을 찾아내는 것도 쉽지 않은 일이라고 덧붙였습니다. 이를 두고 광고 수익을 위해 문제점을 방관하고 있다며 유튜브를 맹렬하게 비난하는 사람도 많아요.

유튜브는 자사의 가이드라인에 따라 부적절한 내용의 동영상에 제재를 가하고 있습니다. '폭력 선동과 괴롭힘 금지', '신체를 위협하는 위험한 장난 금지', '보호자를 동반하지 않은 만 14세 미만 아동의 라이브 방송 금지' 등 구체적인 가이드라인을 마련해 놓고 있죠. 가이드라인을 위반한 유튜버에게는 광고 수익을 지급하지 않고, 반복 적발 시에는 아예 유튜브 계정을 영구적으로 사용할 수 없도록 하고 있어요. 하지만 근본적인 해결은 유튜버들 스스로에게 달려 있습니다. 인기를 얻고 돈을 벌기 위해서라면 무엇이든 서슴지 않는 행태를 고쳐야 해요. 자유롭게 동영상을 제작하고 올릴 수 있는 만큼 그에 따른 책임도 져야 한다는 사실을 기억해야 할 것입니다.

그리고 유튜브 이용자들도 미디어에서 공유되는 수많은 콘텐츠 가운데 가짜 뉴스와 거짓 정보를 가려내는 한편, 특정 집단의 이익이나 가치를 교묘하게 숨기고 있거나 약자에 대한 차별과 혐오를 부추기는 콘텐츠를 분별할 수 있는 안목을 길러야 합니다. 이에 '미디어 리터러시(media literacy)'가 크게 주목받고 있습니다. 미디어 리터러시란 미디어를 수용하고 해석하는 능력에서 나아가, 적극적으로 미디어를 활용하는 능력을 의미합니다. 책을 통해 지식과 정보를 얻던 시절에 글을 배우는 것이 중요했듯이, 영상으로 정보를 얻는 지금은 미디어 리터러시를 습득할 필요가 있어요.

이제 우리는 유튜브라는 미디어를 통해 다양한 정보를 다른 사람들과 공유할 수 있게 되었습니다. 유튜브는 친밀감과 재미, 다양성과 쌍방향 소통으로 세상을 변화시키는 힘을 가진 커뮤니티(공동체)로 우뚝 섰다고 해도 과언이 아니에요. 더 좋은 세상과 행복한 삶을 꿈꾸는 유튜버들과 구독자들이 많아질수록 유튜브는 보다 건강한 커뮤니티로 성장해 나갈 수 있을 것입니다.

온라인 게임,
우리가 살고 있는
또 하나의 세상

남성과 여성,
게임하는 이유가
서로 다르다고?

지난 2017년, 미국의 게임 컨설팅 기관인 '콴틱 파운드리'는 재미있는 설문조사를 했습니다. 세계 191개국 10~70대 게임 사용자 23만 9,000여 명을 대상으로, 게임을 왜 하는지를 조사한 거죠. 이때 남성 이용자들이 가장 많이 언급한 게임 동기는 '경쟁 승리'(14.1%)였다고 해요. 2위는 총격·폭발 등을 통한 '파괴 욕구 충족'(11.9%)이었고, 3위는 '게임 완주'(10.2%)였죠. 그렇다면 여성 이용자들은 어떻게 대답했을까요? 가장 많은 답변은 '게임 완주'였습니다. 2위는 '판타지 욕구 충족'(16.2%)이었고, 3위는 '디자인'(14.5%)이었죠. 남성이 1, 2위로 선택한 '경쟁 승리'와 '파괴 욕구 충족'을 게임 플레이의 주요 이유로 꼽은 여성은 각각 5.1%와 7.9%에 불과했다고 합니다. 이러한 결과에 대해 콴틱 파운드리는 "게임을 하는 동기에 있어서 남녀 간 차이가 나타나는 이유는 성별에 따라 게임을 대하는 방식이 실제로 다르기 때문일 수도 있지만, 남녀를 대상으로 한 게임 마케팅 방식이 서로 상이하기 때문일 수도 있다"고 설명했습니다.

분명 '나는 절대로 게임 회사의 장난질에 넘어가지 않겠어!'라고 굳게 결심했지만, 어느새 '이 정도는 괜찮겠지….'라고 스스로를 위로하며 아이템 구매 버튼을 꾸욱 누른 기억, 누구에게나 한 번쯤은 있을 겁니다. 우리 같은 평범한 게이머들이 전문적인 게임 개발자들과의 심리 싸움에서 과연 이길 수 있을까요? 게임 개발자들은 소비자들의 지갑을 열기 위해 인간의 다양한 심리를 이용합니다. 게임 초반에는 아이템을 무료로 제공하다가, 사용 기간이 만료된 후 아이템을 제거하는 것이 가장 대표적인 사례죠. 이 경우 대부분의 이용자들은 마치 내 것을 빼앗긴 것 같은 기분에 해당 아이템을 구입하고 싶은 욕구를 느낍니다. 한편 자신의 능력을 항상 타인과 비교하는 인간의 심리를 이용하기도 합니다. 다른 이용자들은 어떤 아이템을 착용했는지, 목표를 어느 정도 달성했는지, 레벨이 얼마인지 등을 보여 줌으로써 상대를 이기기 위해 더 많은 노력과 투자를 하도록 부추기는 거죠.

게임만 하면
내 지갑이 저절로
열리는 이유는?

우리는 하루에 얼마나 많은 시간 동안 게임을 즐기고 있을까요? 지금 당장 휴대전화나 컴퓨터를 켜고 살펴보면, 게임 한두 개쯤 안 깔려 있는 사람은 거의 없을 거예요. 2018년 한국콘텐츠진흥원의 조사에 따르면, 10~65세의 67%는 최근 1년 사이 게임을 경험했고, 하루 평균 게임 이용 시간이 주중 90~96분, 주말 114~163분이었다고 해요. 연령대별로 보면, 10대가 92%로 가장 높은 비율을 차지했고, 60~65세가 36%로 가장 낮은 비율을 보였죠.

이처럼 많은 사람들이 일상 속에서 게임을 손쉽게 즐기고 있어요. 스타 프로 게이머의 연봉이 수십억 원에 이르고, 국내 온라인 게임 산업의 규모가 세계 4위를 달성할 정도로 게임이 우리 사회에 미치는 영향력은 대단합니다.

온라인 게임, 넌 누구냐!

요즘은 '게임' 하면 누구나 PC·비디오 게임기·스마트폰을 가지고 하는 게임을 떠올립니다. 그런데 불과 30년 전만 해도 게임 시장을 주름잡은 건 전자오락실에서 동전을 넣고 즐기는 아케이드 게임(arcade game)* 이었어요. 그 시절만 해도 게임은 시간과 장소·금전 등의 제약이 따르는 오락거리 가운데 하나였죠. 이러한 게임을 집에서 무제한으로 즐기게 된 건 1990년대 PC가 보급되면서부터입니다. PC를 기반으로 등장한 온라인 게임은 게임 시장을 평정하는 것을 넘어 문화·산업으로까지 침투하며 막강한 아이콘으로 떠올랐어요.

온라인 게임은 기존 아케이드 게임과 달리 PC라는 하드웨어를 공통된 기반으로 하고 있습니다. 따라서 소프트웨어 개발만으로 새로운 게임 출시가 가능한데, 이러한 특성 때문에 IT 강국인 우리나라에서 온라인 게임이 주력 산업으로 급성장할 수 있었어요. 이와 더불어 게임 프로그래머·프로 게이머 등이 인기 직종으로 떠오르게 됐죠. 한편 2000년대 들어 광대역 인터넷이 보급되면서 여러 명이 동시에 접속해 즐기는 MMORPG(Massively Multiplayer Online Role-Playing Game) 게임이 활성화됐습니다.

이후로 온라인 게임은 더욱 폭발적인 성장을 하고 PC방 문화도 전성기를 맞아요. '디아블로', '서든어택', '던전앤파이터', '월드오브워크래프트' 등 대작 게임들이 이 시기에 연달아 출시됐으며, 2000년대 중반 이후 온라인 게임은 대규모 인원과 자본이 투입되는 블록버스터로 진화했죠.

특히 온라인 게임의 역사에서 미국의 게임 회사인 '블리자드'

---

* 과거 전자오락실에 등장했던 게임을 통칭하여 일컫는 용어. 아케이드(arcade)란 지붕이 덮인 상가 밀집 지구를 가리키는 말로, 북아메리카 지역 오락실이 주로 아케이드에 자리 잡고 있던 데서 유래한 말이다.

가 1998년에 출시한 '스타크래프트'는 특별한 의미를 갖습니다. 이 전략 시뮬레이션 게임이 국내에서 돌풍을 일으키자 'e스포츠(Electronic Sports)'가 탄생하는가 하면 'PC방 문화'라는 게 생겼죠. 그런가 하면 넥슨 '바람의 나라', 엔씨소프트 '리니지'·'아이온' 시리즈 등 초창기 국산 온라인 게임은 우리나라 IT 산업의 부흥을 가져왔습니다.

게임 세상의 매력, 어떤 것이 있을까?

요즘은 TV·지하철·버스·유튜브·인터넷 등에서 게임 광고를 보는 일이 매우 흔합니다. 그만큼 게임이 우리의 일상에 깊숙이 파고들었고, 무엇보다 친숙해졌죠. 게임 캐릭터 산업의 규모가 점점 커지는 가운데 게임이 원작인 만화·영화, 심지어 예능 프로그램까지 활발히 제작되고 있어요.

2018년 말부터 2019년 초까지 방영된 tvN 드라마 〈알함브라 궁전의 추억〉은 'MMORPG'와 '증강 현실(AR) 게임'이 접목된 드라마였습니다. 2018년 말에 개봉된 영화 〈PMC: 더 벙커〉는 글로벌 군사 기업에서 벌어지는 일을 그리면서, 일부 총격 장면 등에 게임 기법을 도입해 화제를 모았죠. 등장인물이 지하의 좁은 비밀 벙커에서 적과 싸울 때 관객은 직접 가상현실(VR) 게임을 하는 느낌을 받을 수 있었습니다. 2018년 여름에 방영된 MBC 예능 프로그램 〈두니아~ 처음 만난 세계〉는 모바일 롤플레잉(role-playing) 게임 설정을 모티프로 해, 출연자들이 가상의 세계 '두니아'에서 흥미진진한 상황을 펼쳐 가도록 했습니다. 한편 온라인 게임이 하나의 일상으로 자리 잡으면서 이제는 게임 용어가 일상적인 표현으로 쓰이고 있기도 해요. '어그로', '순삭', '쉴드' 등은 게임 용어가 대중화된 대표적인 사례죠.

온라인 게임은 화려하고 생생한 비주얼, 긴장감과 몰입감 넘치는 전개로 사람들을 압도합니다. 게임 속 세상은 주로 환상적인 이미지를 배경으로 활용하는데, 전쟁 및 판타지, 신화는 게임 스토리의 단골 메뉴입니다. 용과 괴물이 사는 지하 동굴, 마법사들이 거처하는 산봉우리, 저주받은 거인의 탑, 성스러운 검이 보관된 성 등의 이미지는 우리의 모험심을 자극하고 있어요. 게임이 만드는 세상은 팍팍하고 지루한 우리의 일상과는 대조를 이루죠. 사람들은 온라인 게임 속에서 또 다른 현실을 살아가며 단순한 흥미 이상의 경험을 합니다. 가상 세계의 질서와 규칙, 경쟁자와 협력자, 장애물의 제거와 충돌, 결과에 대한 보상 등이 우리를 게임 속 세상에 철저히 동화시킨 덕분입니다. 그로 인해 사람들은 여럿이 하나의 게임에 참여하면서 연대감과 동류의식을 느끼며 사회성과 상호작용에 대한 욕구까지 보상받습니다.

우리는 게임을 하면서 마음껏 창조하고 도전하고 싸우며 짜릿한 긴장감과 몰입감, 성취감과 안도감을 맛보게 됩니다. 10대 청소년의 경우는 또래들과 커뮤니티를 형성하고 스트레스를 해소하고자 더욱 게임에 빠져드는 모습이죠. 특히 남학생의 경우는 남성 호르몬 '테스토스테론'의 영향으로 경쟁에 민감하고 능력을 확인받거나 과시하려는 욕구가 강하다 보니, 게임을 통해 이를 해소하려는 경향이 뚜렷합니다.

게임, 우리를 지배하다

그런데 우리는 왜 게임에 빠져들게 되는 걸까요? 인간의 뇌에서 논리적 판단, 이성적 사고를 담당하는 전두엽은 보통 남자는 30세, 여자는 24~25세까지 지속적으로 발달합니다. 청소년기는 충동성을 조절하는 전두엽의 발달이 미성숙해 자기 통제력이 부족하고, 중독에 더 취약하죠. 그러다 보니 게임은 성장기 청소년들의 신체와 정신에 매우 큰 영향을 미칩니다. 1987년 일본에서 닌텐도사의 게임을 하던 한 어린이가 게임 중에 발작을 일으킨 일은 게임이 건강에 부정적인 영향을 줄 수 있다는 것을 보여 준 최초의 사건이었습니다. 그 뒤 1991년 미국에서도 한 아이가 비슷한 증상으로 발작을 일으키며 정신을 잃었고, 이듬해에는 영국에서 게임을 하던 아이가 사망하는 사고까지 벌어졌어요. 모두 불규칙적으로 깜박이는 빛에 오랜 시간 자극을 받아 생기는 광과민성 발작 때문이었죠. 이 밖에 장시간 게임을 하게 되면 시력 저하, 관절 통증, 피로감 증대 등 여러 건강상의 문제가 나타날 수 있습니다.

무엇보다 게임의 가장 큰 문제로 지적되고 있는 것은 중독성입니다. 실제로 게임에 중독된 사람의 뇌를 보니 도박에 중독된 사람의 뇌와 같은 부위가 활성화된다는 사실이 확인되기도 했습니다. 전문가들은 게임 중독을 더 이상 개인의 의지에 달린 문제가 아닌, 전문적인 치료의 대상으로 바라보아야 한다고 말합니다.

한편 게임에 비판적인 사람들은 게임의 폭력성을 지적하기도 합니다. 지난 2007년 미국 버지니아공대에서 총기 난사 사건이 벌어진 이후, 몇몇 미국 언론이 범인이 평소에 폭력적인 총기 게임을 즐겼다고 보도하면서 사회적으로 게임의 폭력성에 대한 우려가 높아졌어요. 이후 해당 내용이 오보로 밝혀지기는 했지만 미국 심리학회에서는 폭력적인 게임이 공격적 행동과 반사회적인 생각의 원인이 될 수 있다고 강력하게 경고했습니다.

온라인 게임에 너무 몰입하면 이른바 '리셋 증후군(Reset Syndrome)'에 빠질 위험도 있어요. 리셋 증후군이란 '컴퓨터가 오작동할 때 리셋 버튼만 누르면 처음부터 다시 시작할 수 있는 것처럼 현실도 리셋이 가능할 것이라 착각하는 사회적 병리 현상'을 말합니다. 리셋 증후군에 걸린 사람들은 가상과 현실을 잘 구분하지 못하는 특징이 있어, 심각한 범죄 행위도 마치 게임의 일환으로 착각하곤 해요. 이에 현실에서 게임을 모방한 범죄를 저지르기도 하죠. 이 같은 현상은 온라인 게임의 심각한 부작용으로 지적되고 있습니다.

하지만 게임의 폭력적인 요소와 실제 인간의 폭력성 사이에 아무런 상관관계도 입증되지 않았다며 반론을 제기하는 이들도 많습니다. 1990년대부터 게임이 본격적으로 유행하기 시작하면서 이전보다 사회 전반적으로 폭력이 줄어들었고, 게임을 통해 공격성이 배출되기 때문에 오히려 인간이 가진 본능적인 폭력성이 해소된다는 주장도 있어요.

이렇듯 게임에 부정적인 측면만 있는 것은 아닙니다. 미국의 한 대학교 연구 팀이 게임을 하는 사람과 하지 않는 사람을 대상으로 '지각(知覺) 학습' 능력에 대한 연구를 진행한 결과, 게임을 하는 사람들이 정보를 더 빠르게 인식하고, 산만한 상황에서도 더 잘 집중한다는 결론이 나왔습니다. 또 게임을 즐겨 하는 사람일수록 변화에 대한 마음의 유연성, 즉 인지 적응력이 높다는 연구 결과도 있어요.

인간은 어떤 상황을 스스로 통제하지 못할 때 스트레스를 받는 다고 합니다. 그런데 게임에서는 스스로 상황을 지배하고 통제해 나가 는 경험을 함으로써 스트레스를 해소하고 자존감도 높일 수 있죠. 실제 로 비디오게임이 우울증 치료에 효과적이라는 연구 결과도 나온 바 있 습니다. 현재 의료계에서는 암이나 치매, 뇌졸중 같은 질환을 치료하는 데에 게임을 일부 활용하고 있기도 해요.

온라인 게임, 할까 말까?

우리나라의 경우 청소년들이 온라인 게임에 장시간 몰입하는 것 을 막기 위해 2011년부터 '게임 셧다운제'를 시행하고 있다는 사실, 모 두 잘 알고 있을 겁니다. 게임 셧다운제는 만 16세 미만 청소년이 자정 부터 다음 날 오전 6시까지 온라인 게임에 접속할 수 없게 한 제도예 요. 그러나 이는 청소년들의 자율성과 판단력을 무시한다는 점에서 비 판을 받아 왔어요. 또 청소년들이 부모님의 개인 정보를 도용해 온라인 게임에 접속할 수 있으므로 실효성이 적고, 게임에 대한 부정적 낙인 효과를 가져와 게임 산업을 위축시킬 수 있다는 점이 지적되기도 했죠. 여러 가지 논란 속에 청소년들의 수면권을 보장하겠다며 규제는 진행 됐지만, 시간이 흐르며 결국 유명무실해졌습니다.

그런데 2019년 5월, 세계보건기구(WHO)에서 게임 중독을 '게임

이용 장애(Gaming disorder)'라는 질병 코드로 등재하는 안건을 만장일치로 통과시키는 일이 일어났습니다. WHO가 '일상생활보다 게임에 우선순위를 두고, 게임으로 인해 생활에 지장이 생겨도 게임을 계속하는 것을 게임 이용 장애라는 질병으로 규정하겠다'고 결정한 거죠. 따라서 2022년부터는 게임 중독이 공식적인 질병으로 등재되며, WHO 회원국에 권고될 예정입니다. 이러한 WHO의 권고안을 수용할 경우, 우리나라에 도입되는 시기는 2025년 정도로 전망되고요.

실제로 온라인 게임에 지나치게 몰입하면 일상생활을 하는 데 문제가 발생할 수도 있어요. 한 연구에 따르면 일주일에 20시간 이상 게임할 경우 우울증에 걸리거나 대인 관계에 문제가 생길 수도 있다고 합니다. 또 게임으로 인해 두통이나 불면증, 소화 장애를 겪는 이들도 많다고 해요.

하지만 이러한 의견에 반론을 제기하는 사람도 많습니다. 게임 중독이 질병이라는 의견과 관련해, 한국콘텐츠진흥원에서는 "소금이나 설탕은 많이 먹으면 인체에 해롭지만 적당히 섭취하면 음식의 맛을 돋워 주는 재료이며 그 자체로는 독성이 없는 중립적 물질"이라며, "게임도 이와 같은 중립적 물질이며 놀이 문화일 뿐 그 자체로 중독성을 갖는 마약이나 도박과는 차원이 다르다"고 의견을 밝혔어요. 그러면서 지난 2014년부터 2018년까지 5년간 게임을 꾸준히 했던 청소년 2,000명을 대상으로 추석 조사를 한 연구 결과를 발표했죠. 그 결과에 따르면, 5년간 변함없이 게임 과몰입군에 남아 있는 청소년은 11명으로 1.4%에 불과했어요.

특히 한 임상심리 전문가는 게임 과몰입 상태에 빠진 청소년은 "게임 자체에 중독됐다기보다 학교생활, 가정생활, 대인 관계 등에 문제가 있고 그 결과로 게임에만 외골수로 빠지는 '공존 질환'인 경우가 대부분"이라고 말했어요. 그리고 게임 중독을 질병으로 규정하기 이전에, 청소년들이 왜 게임을 이용하고 이에 지나치게 의존하는지가 먼저 충분히 연구되어야 한다고 주장했죠.

온라인 게임의 미래는?

사실 게임(놀이) 그 자체가 인류 문명을 발전시킨 원동력이라는 사실을 부인할 수는 없어요. 주사위를 던지며 승부를 가르던 놀이에서 확률 이론이 탄생했고, 체스와 바둑 같은 보드게임에서 시작해 '왓슨(Watson)'과 '알파고(AlphaGo)'라는 이 시대 최고의 인공지능이 만들어졌죠.

현재 전 세계 게임 시장의 규모는 2018년 기준으로 약 1,349억 달러(약 151조 7,759억 원)에 이른다고 합니다. 특히 시간을 낭비하는 비생산적인 오락거리로만 여겨지던 온라인 게임은 'e스포츠'라 불리며 그 사회적·문화적 영향력이 상상할 수 없을 정도로 커졌죠. 대표적인 e스포츠에는 스타크래프트, 위닝 일레븐, 리그 오브 레전드(LOL) 등이 있는데, 이것들은 2018년 아시안게임 시범 종목으로 채택되기도 했어요. 이 가운데 '롤드컵'이라고 불릴 정도로 규모가 큰 '리그 오브 레전드 월드 챔피언십 결승전'은 2015년 3,600만 명의 시청자 수를 기록하며 미국의 프로야구 결승전인 월드시리즈와 프로농구(NBA) 결승전의 시청자 수를 넘어서기도 했습니다. 이에 e스포츠 선수들은 프로 야구·축구 선수처럼 정식 프로 스포츠 선수로 인정받고 있으며, 이들 가운데는 수십억 원의 연봉과 상금을 거머쥔 초대형 스타들도 있습니다.

최근에는 온라인 게임이 방송과 결합하면서 미디어로서의 역할 또한 확대되고 있습니다. 특히 게임 전문 유튜버들이 많아지면서 이제는 직접 하면서 즐기는 게임에서 함께 보고 즐기며 소통하는 게임으로 변하고 있죠. 본인이 직접 게임을 하는 것뿐만 아니라 남이 하는 게임을 보는 것도 하나의 문화가 되었습니다. 시청자들이 진행자가 생중계하는 게임 영상을 보면서 채팅방에서 서로 대화를 나누는 식이죠. 게임 분야에서 가장 '핫'한 인터넷 방송국은 바로 '트위치(Twitch)'입니다. 미국 샌프란시스코에 설립된 트위치는 2011년 서비스를 시작해 지금은 월평균 5억 명 이상이 즐기는 게임 방송 전문 플랫폼으로 거듭났어요. 현재 트위치에서는 게임 방송뿐만 아니라 라이브 음악 방송, 먹방 등도 선보이고 있어요.

고부가가치 산업인 게임은 높은 수익률을 통해 국가 경제 발전에도 기여합니다. 게다가 최근에는 게임에 3D 기술, 가상현실 기술 등 최첨단 기술들이 접목되고 있어, 앞으로도 게임 산업은 계속해서 발전할 전망이죠. 따라서 차세대 문화 콘텐츠의 선두주자로 꼽히는 게임을 등한시할 경우, 우리나라 게임 산업은 막대한 피해를 입게 된다고 해요. 실제로 게임 이용 장애 질병 코드가 국내에 도입될 경우, 서울대 산학협력단의 연구에 따르면 그 피해액은 3년간 최대 11조 원에 이를 것으로 예상되고 있죠.

어찌 보면 게임은 양날의 검입니다. 게임은 지루함을 이길 수 있는 가장 강력한 힘을 지니고 있지만, 현실 세계마저도 잊어버리게 만들죠. 적당히 즐기면 우리에게 큰 즐거움을 주지만, 게임의 늪에 한번 깊숙이 발을 디디면 빠져나오기 힘든 것도 사실이에요. 이것만 명심했으면 좋겠습니다. 현실이 아무리 엄혹하고 참담해도, 우리가 발을 딛고 있는 곳은 게임 세상이 아닌 현실 세계라는 사실을 말이에요. 결국 현실 세계의 어려움을 이겨 내기 위해서는 현실과 맞부딪쳐 싸우지 않으면 안 된다는 진실을 늘 기억했으면 합니다.

북트리거 포스트

나만 잘 살면 왜 안 돼요?
교실 밖 실전 사회 탐구

북트리거 페이스북

1판 1쇄 발행일 2019년 8월 20일
1판 5쇄 발행일 2020년 12월 10일

지은이 이치훈·신방실
펴낸이 권준구 | 펴낸곳 (주)지학사
본부장 황홍규 | 편집장 윤소현 | 팀장 김지영 | 편집 전해인
디자인 정은경디자인 | 마케팅 송성만 손정빈 윤술옥 이예현 | 제작 김현정 이진형 강석준 방연주
등록 2017년 2월 9일(제2017-000034호) | 주소 서울시 마포구 신촌로6길 5
전화 02.330.5265 | 팩스 02.3141.4488 | 이메일 booktrigger@naver.com
홈페이지 www.jihak.co.kr | 포스트 http://post.naver.com/booktrigger
페이스북 www.facebook.com/booktrigger | 인스타그램 @booktrigger

ISBN 979-11-89799-13-7 43300

이 도서의 국립중앙도서관 출판예정도서목록(CIP)은 서지정보유통지원시스템 홈페이지
(http://seoji.nl.go.kr)와 국가자료공동목록시스템(http://www.nl.go.kr/kolisnet)에서
이용하실 수 있습니다.(CIP제어번호: CIP2019029915)

북트리거

트리거(trigger)는 '방아쇠, 계기, 유인, 자극'을 뜻합니다.
북트리거는 나와 사물, 이웃과 세상을 바라보는 시선에 신선한 자극을 주는 책을 펴냅니다.